暮らしを楽しむ
ルーズリーフ
活用BOOK

使い方・アレンジ自由自在

Stitch leaf

ステッチリーフ まやこ 著

CONTENTS

- なぜルーズリーフなの？ 006
- ルーズリーフのここがいい 理由1　自由度が高い 008
- ルーズリーフのここがいい 理由2　リフィルいろいろ 010
- ルーズリーフのここがいい 理由3　気軽に使えるバインダー 012
- ルーズリーフのここがいい 理由4　アクセサリーも楽しい！ 014

PART 01

暮らしの"したい"を叶える
目的別 リフィルアレンジ術

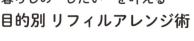

- 目的別① 予定を管理したい 022
- 目的別② 家計を管理したい 030
- 目的別③ 体調・食事を管理したい 036
- 目的別④ お店の記録を残したい 042
- 目的別⑤ 日記を書きたい 046
- 目的別⑥ 好きなものを愛でたい 054
- 目的別⑦ 見本帳を作りたい 058
- 目的別⑧ 目標や夢を叶えたい 066
- 目的別⑨ 仕事で活用したい 070
- 目的別⑩ 暮らしで活用したい 076

PART 02

1つのフォーマットでここまでいろいろ！
マンスリーのアレンジ12選

- [ ] 1月　マンスリー×コーディネートログ　　　086
- [ ] 2月　マンスリー×ハビットトラッカー　　　088
- [ ] 3月　マンスリー×いいこと日記　　　090
- [ ] 4月　マンスリー×家計簿　　　092
- [ ] 5月　マンスリー×シールデコ　　　094
- [ ] 6月　マンスリー×TO DOリスト　　　096
- [ ] 7月　マンスリー×体調管理　　　098
- [ ] 8月　マンスリー×お絵描き練習帳　　　100
- [ ] 9月　マンスリー×献立表　　　102
- [ ] 10月　マンスリー×推し活　　　104
- [ ] 11月　マンスリー×お店のログ　　　106
- [ ] 12月　マンスリー×育児日記　　　108

- [ ] COLUMN 1
　　ルーズリーフと一緒に使って楽しい　お気に入りの文具たち　　　110

- [ ] COLUMN 2
　　イラスト入りでにぎやかに　まやこのマンスリー絵日記　　　112

●本書の使い方

- PART 01とPART 02では、さまざまなルーズリーフの作例を紹介しています。
制作に使ったアイテムは、「使った文房具」に記載しています。文房具のジャンルはアイコンのカラーで分けているので、参考にしてください。

　●スタンプ（イエロー）
　●付箋・シール・マスキングテープ（ピンク）
　●ペン・マーカー（パープル）
　●その他（黄緑）
　●ルーズリーフ（水色）

- こちらのアイコンが付いているところは、巻末のAPPENDIXにて書き方や押し方などを解説していますので、ぜひ参考にしてみてください。

APPENDIX
➡○ページ

003

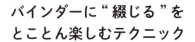

バインダーに"綴じる"を
とことん楽しむテクニック

- インデックスを使いこなそう　　　　　　　　　118
- ポケットの活用＆穴を開ける　　　　　　　　　124
- リフィルの保存方法　　　　　　　　　　　　　130
- バインダーをプレゼントに　　　　　　　　　　132

- COLUMN 3　ステッチリーフでオリジナルバインダーを作ろう　　134
- COLUMN 4　まやこの歴代ルーズリーフ HISTORY　　　　　　136

ルーズリーフデコアイデア

- マーカーで文字アレンジ　　　　　　　　　　　142
- マーカーで季節に合わせた模様作り　　　　　　144
- スタンプちょこっとテクニック　　　　　　　　146
- スタンプ×模様で作る季節のイラスト　　　　　148
- マスキングテープを使ったアレンジ　　　　　　150
- テンプレートを使おう　　　　　　　　　　　　152
- 会員特典データの素材集を使ってみよう　　　　154

- 著者紹介　　　　　　　　　　　　　　　　　　157
- 掲載文具のお問い合わせ　　　　　　　　　　　157
- 使用したルーズリーフ一覧　　　　　　　　　　158

なぜルーズリーフなの？

はじめまして、**ステッチリーフ**の**まやこ**です！

ステッチリーフは、東京 浅草橋にある**ルーズリーフ**の専門店

お店を始めたキッカケは、

「ルーズリーフの可能性をもっと知ってほしい！」

「大人の方にもっとルーズリーフを使ってほしい！」

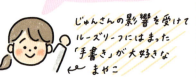

営業マン時代 仕事の予定&ノートとしてルーズリーフを長年愛用していた じゅんさん

じゅんさんの影響を受けてルーズリーフにはまった「手書き」が大好きな まやこ

という気持ちで2019年にオープンしました

ルーズリーフといえばB5サイズが主流で「**勉強用**」「学生の時に使うもの」「**おしゃれなものが少ない**」というイメージを持たれるかもしれません**が…**

プラスチック製のバインダーが多い！
大きい！
リーズナブル！

学生の頃はあんなにルーズリーフを使っていたのに…大人になってからあまり使わなくなるのはなんでだろう？

実はそんなことはないんです！
ルーズリーフは勉強だけじゃない！

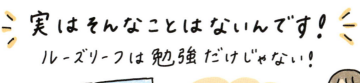

なにを書いても なにに使っても いいんです!!

ルーズリーフは自由！

ルーズリーフは「新たな楽しみを見つけたい！」「自分に合う手帳やノートが見つからない…」「うまく続けられない」という悩みを持つ人にとってとても魅力的なものなんです◇◇

私もルーズリーフの便利さ・楽しさに気が付くまでは毎年いろいろな手帳やノートを使っていましたが、いまでは予定も日記も家計簿も仕事ノートも全部1冊のルーズリーフバインダーにまとめて使っています！

今年の手帳もルーズリーフ♪

来年の手帳どうしようかな〜

迷うことなくルーズリーフ一択に◇◇

ルーズリーフは大人にこそ使ってほしい！

私がそう思う理由を詳しく次のページから説明していきます♪
本書では大人の方におすすめの**A5**サイズのルーズリーフをメインにご紹介いたします📖

レッツゴー！

007

ルーズリーフのここがいい

理由1 自由度が高い

自由に選べて、自由に作れる 思い通りに楽しく使える

ルーズリーフが綴じ手帳やノートより便利な点は、なんといってもその自由度の高さ！使いたいリフィルを選び、自由に組み合わせたり、抜き差ししながら使えます。綴じる順番を自由自在に変更できるのもうれしい♪

ページを増やせる、減らせる 入れ替えられる

書き進んでいくうちに、この内容をもっと書きたいなとか、このページはあまり使わないな、と思ったらいつでもページの増減ができます。また書きたい内容に合わせてあとから使うリフィルを変更するのも簡単です。

自分好みの サイズが選べる

「A4」や「B5」といった勉強用途でよく使われる大きめサイズに加え、近年は小さめの「A5」やハンディな「ミニ」も人気です。好みや用途でサイズをセレクトしましょう。大きなバインダーに小さな用紙を綴じても◎。

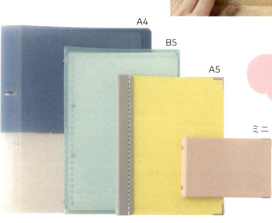

008

仕事に

自由な用途で
楽しく使える

勉強に使われることの多いルーズリーフですが、工夫次第で用途は自由自在。仕事や趣味、暮らしに役立つアレコレにも使えます。1冊を複数の目的で使うのもおすすめです。自分だけの手帳・ノートができあがりますよ。

暮らしに

趣味に

予定の管理、体調・食事の管理、
お店の記録、日記、推し活、
見本帳 etc.

リフィルを外せるので
書きやすい！デコしやすい！

たとえばスタンプで手帳をかわいくデコしたい……といったときに、ページの厚みや凹凸でうまくスタンプが押せないことがあります。でもルーズリーフならリフィルを外して平らなところで作業できて便利です。

ルーズリーフのここがいい
理由 2
リフィル いろいろ

バリエーション豊かな
リフィルを自由に選ぼう

ふつうの手帳やノートは、このペンを使うならこっちの紙がいいな……などと思っても、用紙を変えることはできません。でもルーズリーフならリフィルを自由に選べます。紙の種類、厚さの違い、色、罫線、すべて思いのまま！

紙質 いろいろ

\ 文字もイラストも自在 /

リフィルの紙質は、普通のノート用紙のほかに、絵を描くのにおすすめの「画用紙」、鉛筆でさらっと書くのに適した「クロッキー用紙」、スクラップブッキングにぴったりの「竹紙」など、さまざまな用紙があります。

お絵描きも楽しめる♪

罫線 いろいろ

\ 好みのものが使える /

無地に横罫、方眼罫とベーシックな罫線がすべて用意されているのはもちろん、マンスリーやウィークリー用の日付や枠があらかじめ印刷されたもの、ログが記入しやすいような罫線が印刷されたものなどさまざま。

〈無地〉
罫線がないので、図形やイラストなども自由に書けます。

〈横罫〉
文字をまっすぐ書きたい人に。勉強や日記など、文字をたくさん書くのに向いた罫線。

〈方眼罫〉
文字だけでなく図や線などを書くときにも便利。3mm、5mmなどがあります。

メーカーいろいろ

\ バラエティ豊か！/

ルーズリーフのリフィルは、マルマンやコクヨをはじめ、さまざまなメーカーから発売されています。それぞれラインナップはバラエティ豊かなので、自分にあったものを見つけてみましょう。

マルマン

種類豊富なマルマンのルーズリーフ。シンプルな定番ものに加え、クリアポケット、クロッキー用紙や画用紙でできたものも。

1. 書きやすいルーズリーフ A5 方眼5mm 100枚　2. 書きやすいルーズリーフ A5 無地 100枚　3. クリアポケットリーフ A5 20穴 10枚　4. クロッキーリーフ A5 無地 30枚　5. カードポケット ミニ 9穴 2枚　6. 書きやすいルーズリーフ ミニ TO DO LIST 50枚

ライフ

なめらかな書き心地で、万年筆との相性が良いLIFEノーブルノートの筆記用紙が、ルーズリーフのリフィルに。

1. ノーブルルーズリーフ A5 方眼 100枚
2. ノーブルルーズリーフ A5 無地 100枚
3. ノーブルルーズリーフ A5 横罫 100枚

コクヨ

勉強用リフィルといえば、コクヨのキャンパスルーズリーフ。書き心地で選べるシリーズが人気です。

1. キャンパス ルーズリーフ（さらさら書ける）A5 A罫 100枚
2. キャンパス ルーズリーフ（さらさら書ける）B5 B罫 50枚
3. キャンパス スタディプランナー（ルーズリーフ）デイリー罫 B5 26穴 30枚

ステッチリーフ

手帳、仕事、家計簿など、さまざまな用途に使えて、自由にアレンジがしやすい罫線が種類豊富に揃っています。

※用紙はマルマンのオリジナル筆記用紙や画用紙を使用しています。

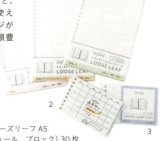

1. ステッチリーフのルーズリーフ A5（リスト、両面スケジュール、ブロック）30枚
2. 画用紙のルーズリーフミニ スケジュール 30枚
3. ステッチリーフのルーズリーフミニ ダイアリー 50枚

無印良品

生活雑貨で人気の無印良品ですが、文具も人気。シンプルなデザインの定番リフィルを取り揃えています。

植林木ペーパー 裏うつりしにくい ルーズリーフ A5 5mm方眼 20穴 100枚

リフィルノート リフィル A5 20穴 30枚（家計簿・ドット方眼）

011

ルーズリーフのここがいい
理由 3 気軽に使える バインダー

いろいろなデザインから好みのものが選べる

紙製、プラスチック製、クロス貼りなど材質の違いはもちろん、色やデザインもさまざまな、ルーズリーフバインダー。文具店などで手頃な価格のものが手に入るため、気軽に使えるのが嬉しいポイントです。

マルマン

種類豊富なマルマンのバインダー。「ユアンス」「クルフィット」「くるっとリング」など人気シリーズ多数。

ユアンス バインダー A5 ライトピンク

クルフィット バインダー A5 ライトブルー

ジリウス ミニバインダー ベージュ

クロッキー バインダー A5

くるっとリング ミニサイズ
表紙：チェック柄 青、
裏表紙：アイボリー

コクヨ

学生の強い味方、コクヨ。リングの数が少ないタイプや、インデックス付きなど、勉強をサポートしてくれるアイテムも。

1. キャンパス プリントもとじやすい2穴ルーズリーフバインダー ライトブルー 2. キャンパス インデックスで開けやすいバインダー（ミドルタイプ）白 3. キャンパスバインダー〈スマートリング60〉B5 26穴 濃ピンク

012

ステッチリーフ

自分好みの色で作れるオリジナルバインダーが人気。表紙がなく手軽に使えるバインダーボード®、かわいい窓あきのウィンドウバインダーミニも含め、本書の作例ページで多数使用しています。

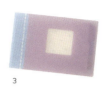

1. オリジナルバインダー A5サイズ　2. バインダーボード® A5サイズ（セットされているインデックス6枚は別売りです）　3. ウィンドウバインダーミニ

キングジム

キングジムといえば事務用ファイルを思い浮かべますが、リングに手が当たらず書きやすい、スリムで機能的な「テフレーヌ」が人気。

クレイド

洗練されたデザインのステーショナリーブランド・クレイド。上質なレザー調のバインダーや、消しゴムはんこ作家 eric さんとのコラボバインダーが人気。

1. 2mm grid binder notes A5 Olive Drab
2. eric × kleid binder notes A5 White
3. Fleek binder notes A5 Champagne Gold

1. リングノート テフレーヌ 30穴 A4 水色　2. リングノート テフレーヌ 26穴 B5 黄　3. リングノート テフレーヌ 20穴 A5 ピンク

無印良品

入手しやすい無印良品のバインダー。半透明のポリプロピレン製のほか、ダークグレーとクラフトカラーが定番。

1. リフィルノート 本体 クラフト表紙 A5 20穴 ダークグレー　2. バインダー A5 20穴 ベージュ　3. ポリプロピレン片手で開閉できるバインダー A5 8穴

ルーズリーフのここがいい 理由4 アクセサリーも楽しい！

インデックスやポケットなどアクセサリーが充実！

リフィルをバインダーに綴じて完成ではもったいない！ 自分好みのインデックスを組み合わせたり、収納ができるポケットを綴じたり、いろいろなアクセサリーで自分らしいカスタマイズを楽しみましょう。

仕分けて便利なインデックス

1冊のバインダーでいろいろな内容をまとめておけるのがルーズリーフの利点。用途別・月別・取引先別など、内容ごとに分ける仕切りとして使えて、目的のページがすぐに開けます。

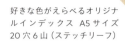

好きな色がえらべるオリジナルインデックス A5サイズ 20穴6山（ステッチリーフ）

コーディネートも楽しめる！

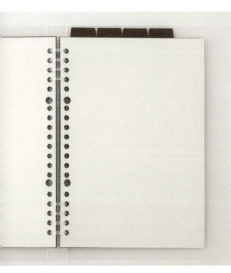

無印良品のインデックスはタブが上についているデザイン インデックス ダークグレー A5サイズ 20穴5山（無印良品）

いろいろ収納できるポケット

ルーズリーフをポーチとして収納用途で使うのもおすすめ。開け閉めできるファスナー付きポケットや、用紙やカードなどを差し込めるポケットを活用してみましょう。付箋やシール、名刺やクリップなども収納可能♪

カードポケット ミニサイズ 2枚入（マルマン）

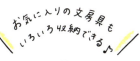

お気に入りの文房具もいろいろ収納できる♪

アルバム台紙リフィルで写真を自由に飾ろう

充実したルーズリーフのアクセサリーの中には、写真アルバムの台紙もあります！大切にとっておきたい写真を綴じて、思い出の1冊を作りましょう。写真が増えても台紙を追加すればOKなのもうれしいポイント。

アルバムリフィル A5サイズ（ステッチリーフ）

だから大人も ルーズリーフを楽しもう♪

ルーズリーフのたくさんの魅力や可能性にワクワクしてきましたか？
ここからは、ルーズリーフの楽しい使い方を具体的に紹介していきます。
自分に合った使い方が見つかれば、毎日の暮らしがきっと今より楽しくなるはず。
うまく書けなかったら、すぐにリセットできるのもルーズリーフのいいところ！
「書いてみたい」「使ってみたい」と思ったら、ぜひ気軽にスタートしてみてください♬

PART 01
暮らしの"したい"を叶える
目的別 リフィルアレンジ術

自由にデコレーションできて、バラエティ豊かなリフィルが揃うルーズリーフを活用すれば、暮らしのいろんな"したい！"を実現できます。この章では、目的別のアレンジ術をたっぷり紹介していきます。

プライベートから仕事まで暮らしのいろいろなシーンでルーズリーフを活用しましょう

ルーズリーフのいちばんの魅力は、豊富なリフィルを使って、自分好みの書き方ができること。

「充実した毎日を過ごしたい」「暮らしをもっと便利にしたい」「趣味をもっと充実させたい」など、さまざまな"したい！"のパートナーにぴったりのアイテムです。

この章では、仕事で役立つ活用法、暮らしが便利になる使い方、趣味が膨らむページ作りまで、無限に広がるルーズリーフの活用アイデアをたっぷり紹介していきます。

目的別① 予定を管理したい

月間予定も日々のログもしっかり書ける

マンスリー&ウィークリー

> **POINT**
> 左ページはマンスリー。月の予定を記入しています。下側の空きスペースには日付を記入し、1日1行で記録したい内容を簡単にメモ。

綴じ手帳では、マンスリーはマンスリー、ウィークリーはウィークリーでページが12か月分まとまっているのが一般的。でもルーズリーフなら、左ページがマンスリー、右ページがウィークリーといった使い方も可能です。

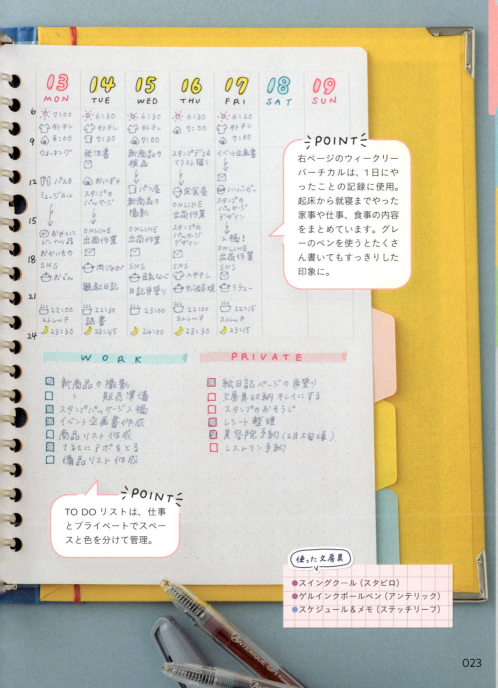

目的別 ❶ 予定を管理したい

月間予定と1日の予定を見開きで管理

マンスリー＆デイリー

今度は、左ページがマンスリー、右ページがデイリーという組み合わせ。月の予定を確認しつつも、今日やることや1日の予定をしっかり確認したい人におすすめです。内容ごとに赤と青、2色のボールペンで書き分けています。

目的別 ① 予定を管理したい

異なるサイズのリフィルを一緒に綴じる

A5 マンスリー＋ ミニマンスリー・ミニウィークリー

POINT
マーカーで書いた模様の上に月名を記入。マーカーは季節にあった色味をチョイスしてみましょう。色選びについては別のページで詳しく解説しています。

APPENDIX
→ 144ページ

POINT
見開きのマンスリーページには、仕事の予定や TO DO などを記入。一般的な月間スケジュールとしての使い方です。

使った文房具
- マイルドライナー（ゼブラ）
- 油性ボールペン（アンテリック）
- 両面スケジュール（ステッチリーフ）
- 画用紙のルーズリーフミニ スケジュール・7つのメモ（ステッチリーフ）

026

サイズの異なる用紙を一緒に綴じられるのがルーズリーフの大きな特徴。見開きページには大きなA5サイズのスケジュール用リフィルを。右ページはミニサイズのマンスリーとウィークリーを上下に並べて綴じています。

POINT
マンスリーページに挟み込む形でミニサイズのルーズリーフを追加。分けて書きたいプライベートの予定や、1週間のTO DOを記入しています。

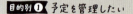

目的別❶ 予定を管理したい

持ち歩きにぴったり！小さなサイズで予定管理

ルーズリーフミニでマンスリー

APPENDIX
→143ページ

いろいろなデザインのバインダーが発売され、人気を集めているのがミニサイズのルーズリーフ。軽くてコンパクトなので負担なく持ち歩くことができます。ファッション性の高いバインダーも多いので、雑貨感覚で楽しんでみて。

> **POINT**
> 左ページはマンスリー、右ページはメモページに。メモにはTO DOリストやほしいものリストを記入。書きたい内容に合わせてページを増やせます。曜日のデコは別のページで詳しく解説しています。

> **POINT**
> 見開きタイプのスケジュール用ミニリフィル。ここではマンスリーとして使用していますが、分割方法を変えれば同じ罫線でもウィークリーとしても使えます。

目的別 ❷ 家計を管理したい

年間の光熱費や毎日の支出を管理

固定費 & 変動費の家計簿

> **POINT**
>
> 毎月の固定費を一覧表にまとめます。電気代、ガス代、水道代などの水道光熱費、スマホ代などの通信費のほか、住居費、教育費、自動車の維持費、交通費、サブスク利用料などを。

	電気代／ガス代	水道代	スマホ代／ポケットWi-Fi	交通費／ガソリン代	健康保険や住民税 など
1	8.221	5.803	6.760	5.000(チャージ)	健保¥
	7.098	(11月〜12月)	990		住民税¥
2	8.945		6.765		健保¥
	6.150		990	9.240	
3	5.422	6.204	6.717	10.000(チャージ)	健保¥
	4.350	(1月〜2月)	990		
4	4.609		6.105		生命保険¥
	5.781		990	7.296	年金¥
5	3.662	5.462	6.364		自動車保険¥
	5.517	(3月〜4月)	990		
6	3.819		6.465		健保¥
	4.416		990		住民税¥
7					健保¥
8					健保¥
					住民税¥
9					健保¥
10					健保¥
					住民税¥
11					健保¥
12					健保¥

🏠 家賃 ¥
　 管理費 ¥
🚗 駐車場 ¥

物価が上がって家計が大変！ このままで大丈夫か漠然と不安……。
そんな人は、家計簿で支出を見える化してみましょう。市販の家計
簿をうまく使いこせない人も、自分にとって必要な項目だけ書ける
ルーズリーフなら継続しやすいですよ。

PART 01　PART 02　PART 03　APPENDIX

> **POINT**
> 右ページは毎日の支出を1日1行で記入。項目ごとに線で分割して書き込みます。現金支払いは青、クレジットカード支払いは緑、PayPay支払いは赤にしてペンの色で分けています。

> **POINT**
> ミニサイズのルーズリーフを追加して、クレジットカード払いの買い物だけまとめて記入。あとから一括で確認しやすくなります。

JANUARY

ⅇⅇ 現金　ⅇⅇ クレジットカード　ⅇⅇ paypay

	食費(スーパー)	食費(そのた)	日用品	しゅみ	そのた(交際費・特別費など)
1		335	218		5,000(初詣おまもりなど)
2		317, 1470		1540	
3	1406	2,180		16,500	
4					9,300(美容院)
5	1291	2,420	6,770		
6	1,110	700			
7	10,024	860			
8		453			
9		880			4,500(お食事会)
10		313	5,262		3,850(病院)
11		521	2,160		
12	171	950, 1,210		3,630	
13	787	580	3,030		3,300(お食事会)
14	246				
15		926			
16					
17	210	2,340		8,343	

クレジットカード支払い

日付	金額	場所	明細
1/2	1.470	バンガーショップ	ハンバーガーランチセット
〃	1.540	ステーショナリーショップ	万年筆インク
1/3	16.500	ショッピングモール	ニット¥8.800、ストール¥7.700
1/4	9.300	美容院	カット＆リタッチカラー
1/5	6.770	インテリアショップ	グラスホルダー¥1.790、ハンガー¥2.990、ペンたて¥1.990
1/7	10.024	スーパーマーケット	5%オフクーポンで食料品たくさん買い出し
1/10	5.262	ドラッグストア	化粧水・パック・ペーパー類など
1/12	3.630	ステッチリーフ	スタンプ
1/17	2.340	カフェ	スイーツセット2人分

使った文房具

- バルーンナンバースタンプ（オスコラボ）
- 31日のスタンプ、ABCのスタンプ（ステッチリーフ）
- 手帳こつぶスタンプ各種（鳥の葉工房）
- バーサマジック（ツキネコ）
- スイングクール（スタビロ）
- ジェットストリーム4色ボールペン（三菱鉛筆）
- 32行罫線（ステッチリーフ）
- 書きやすいルーズリーフミニ 6mm横罫カラーアソート（マルマン）

目的別 ❷ 家計を管理したい

支出を書くだけ。シンプル設計だから続けやすい！
マンスリーで簡単家計簿

いろいろ書かなきゃいけないと思うと続かない……そんな人にもおすすめの、マンスリーに毎日の支出を記入していくタイプの家計簿です。支払方法ごとにかわいく色分け。とりあえず1か月挑戦してみませんか？

POINT
現金払いはグレー、クレジットカード払いはブルー、電子マネー払いはピンク。支払方法によってマーカーの色を変えて。お金を使わなかった0円デーには、水玉を描いてかわいく♪

POINT
マンスリーには合計金額しか記入しないので、明細を残したいときはメモスペースを利用。

032

:POINT:
1か月分の収入と支出、それに固定費を書く欄は「水性ペンで書けるマスキングテープ」をペタリ。記入スペースがかわいくなります。

使った文房具

- 曜日のスタンプ（ステッチリーフ×オスコラボ）
- 31日のスタンプ（ステッチリーフ）
- バルーンナンバースタンプ・ジムスタンプ「MEMO」（オスコラボ）
- 手帳こつぶスタンプ各種（烏の葉工房）
- バーサマジック（ツキネコ）
- マステ® 水性ペンで書けるマスキングテープ（マークス）
- スイングクール（スタビロ）
- 油性ボールペン（アンテリック）
- スケジュール＆メモ（ステッチリーフ）

目的別 ❷ 家計を管理したい

スタンプを押して購入場所ごとにまとめる
お買い物記録

買ったものの明細を記録してみましょう。購入日ごとの時系列でまとめる方法もありますが、ここでは購入店舗ごとにまとめてみました。レシート型のスタンプを使えば雰囲気アップ！

POINT
レシートのスタンプを押し、さらに右上のスペースに支払方法ごとに小さなスタンプを押して分類しています。

使った文房具
- 手帳こつぶスタンプ各種・レシートログスタンプ・ちょこっとメモ ¥マークスタンプ（鳥の葉工房）
- バーサマジック（ツキネコ）
- スイングクール（スタビロ）
- 油性ボールペン（アンテリック）
- ブロック（ステッチリーフ）

目的別❷ 家計を管理したい

写真を貼って商品別にまとめる
お買い物記録

支出の管理よりも、買ったアイテムの管理・記録がしたいなら、写真を添えたページがおすすめ。「この服どこで買ったっけ？」というときも、写真があれば一目瞭然。コレクションを並べれば買い物の満足度もUP!

POINT
写真の背景は白い壁や白い机にするなど、背景色を白で統一するとスタイリッシュな雰囲気に。写真を正方形に切って貼ると統一感が出ます。

APPENDIX
→ 146ページ

POINT
購入日は回転日付印を押しています。ページの上下のスペースも模様のスタンプでデコ。スタンプインクはグレー1色に絞ってスッキリと。

使った文房具
- カタチ×モヨウスタンプライン各種（オスコラボ）
- バーサマジック（ツキネコ）
- 回転日付印 S-300（シャイニー）
- ゲルインクボールペン（アンテリック）
- ミックス方眼（ステッチリーフ）

035

目的別 ❸ 体調・食事を管理したい

体重、体温、運動、食事、睡眠……グラフや表で
毎日の体調チェック

人間誰しも健康に暮らしていきたいもの。少しの体調変化にも気付けるように、毎日書く習慣をつけましょう。ここで使うのは片面だけのバインダーボード®。開くことなくそのまま記入できるので、頻繁な記録におすすめです。

POINT
こちらは縦向きに使って、毎日の食事と運動、入浴、睡眠の時間をマーカーで記録。縦軸に日付、横軸に時間を記入しています。

使った文房具
- 31日のスタンプ（ステッチリーフ）
- はしっこリボンはんこ・お店のテントはんこ・手帳こつぶスタンプ各種（鳥の葉工房）
- バーサマジック（ツキネコ）
- スイングクール（スタビロ）
- ゲルインクボールペン（アンテリック）
- チャート（ステッチリーフ）

⟫POINT⟬
日付部分にはマスキングテープ素材のテプラを使用。手書きやスタンプとはまた違った風合いが楽しめます。テープの幅はレイアウトにあわせてカットしています。

⟫POINT⟬
朝・昼・夜の丸スタンプを押し、その横には食事の時間を記入。下に食べたものをまとめます。

目的別 ❸ 体調・食事を管理したい

朝・昼・夜の３食を書き残す
体調記録 & 食事記録

身体は食べたものからできています。食事のログを取って、自分の体に意識を向けてみましょう。使っているリフィルは縦に４分割されたタイプ。見開きで並べると１週間の記録＋ちょっとしたメモが記入できます。

> **POINT**
> 体重や睡眠などをちょこっと記録できるスタンプを使用。有／無 部分は、便通や間食の有無など、自分で設定した内容に使えます。

使った文房具
- 手帳こつぶスタンプ各種・ちょこっとメモ ライフログ・ウィークリーハビットトラッカーS（烏の葉工房）
- バーサマジック（ツキネコ）
- 油性ボールペン（アンテリック）
- テプラ（キングジム）
- タイトルメモ（ステッチリーフ）

039

使った文房具
- 手帳こつぶスタンプ各種・かたちのスタンプメモS・ハビットトラッカースタンプ月間タイプS・お店のテントはんこ（鳥の葉工房）
- バーサマジック（ツキネコ）
- 福岡麻利子ロールふせん（手紙社）
- マイルドライナー（ゼブラ）
- トリプラスファインライナー（ステッドラー）
- ユニボールワン（三菱鉛筆）
- リスト（ステッチリーフ）

POINT
余白にはスタンプを押して、薬の服用や健康のための日課のハビットトラッカーに。欲張らなくてよいのでできる範囲ではじめてみて！

040

APPENDIX
→146ページ

> POINT
> こちらは1か月の献立を記入。食事の傾向を知ることができますよ。上のスペースにはスタンプを繋げて押して、お店の日よけのような形に。レストランのメニューのようなイメージです。

目的別 ❸ 体調・食事を管理したい

1日1行だから続けやすい！
体調管理＆食事記録

身体は大事にしたいけど、ついつい自分のことはあと回し。忙しくていろいろは書けない……そんな人におすすめなのが、1日1行だけ記録していくタイプのライフログです。体温と体重だけ、献立だけなど、書く内容を絞ってみて。

041

目的別 ④ お店の記録を残したい

写真や色鉛筆スケッチで描き残す
行ったお店スクラップブッキング

おいしいものの食べ歩きが好き、カフェ巡りが趣味……そんな人は楽しい思い出をぜひログに残してみましょう。たくさん書こうと思うと大変ですが、ミニサイズのリフィルなら気軽。行ったお店で書くのにも便利です。

POINT
写真はシールタイプの印刷用紙にプリント。大きめサイズに印刷して食べ物の形でカットすると見栄えのするレイアウトになりますよ。

OSAKA TABETAMONO

2.27 TUE

明石焼
ぶぶ亭

阪急三番街にてかるめの夕飯をさがしていたら発見した明石焼のお店。たこやきもたのんでじぶんずにした。

おだしにひたしてふにゃ〜っとさせてたべるのおいし〜♡
ペロッとたべれちゃう♪

2.28 WED

インスタでおしえていただいたお店
へ♪

大阪生野お好み焼き
桃太郎
=そばロール残念=

とろーりチーズとやきそば、たまごのくみあわせイイ!
私の大好物
おいも人、
いもすじ
ねぎ玉

2.29 THU

グリルキャピタル
東洋亭

去年たべておいしかったので再び♪
炭酸のおかわり○でレモンゴロゴロ入ったレモンソーダ最高!!ハンバーグはおいしいしじゃがバター大好きだし大満足!

トマトサラダもおいしい。

3.1 FRI

串
の
坊
善

法
串カツがたべたくておなかがすきすぎて阪急うめだ本店のレストランにて串カツ!梅あめのにした。プハー…!!

なにがでてくるのかワクワク…エビがすき♡

ごまからしソースおきにいり。

> **POINT**
> 写真用紙に印刷して、食べ物の形にカット。のりで貼り付けたら、余白に感想をみっちり記入。写真の形に添って文字を書いても楽しい雰囲気に。

使った文房具
- ABCのスタンプ・31日のスタンプ（ステッチリーフ）
- バルーンナンバースタンプ（オスコラボ）
- バーサマジック（ツキネコ）
- マステ®水性ペンで書けるマスキングテープ（マークス）
- ユニボールワン（三菱鉛筆）
- ブロック（ステッチリーフ）

目的別 ❹ お店の記録を残したい

楽しかった旅行の思い出をまとめる
旅先で食べたものの記録

旅の思い出を記録するのは楽しいもの。今回は旅行中に「食べたもの」にフォーカスした大阪食い倒れログです。見開きに道中食べたものの写真と感想をギュギュっと詰め込んで。紙ものを添えても楽しいですよ♪

POINT
包み紙やショップカードなど、旅先で入手したかわいい紙ものも忘れずにコラージュ！

目的別 5 日記を書きたい

ずっと続かなくたって OK!
ウィークリー日記

> **POINT**
> ページを2分割。左側はその日の気分にあった顔のスタンプを押して一言日記に。右側は TO DO リストにしました。1週間書いてみて、しっくりこなければ変更できるのがルーズリーフのよいところ。

今年こそ日記書くぞ！ そう思って挫折してしまう人、いますよね。せっかくの日記帳が白いままという人は、ぜひルーズリーフで再挑戦を。まずは1週間だけ書いてみようかなと思えたら成功！書けるときだけ書けばいいんです。

046

>POINT<
こちらは同じリフィルを横向きにして、縦長の絵日記に。おしゃれが好きな人は、毎日の服装や髪型を記録してみるのも楽しいですよ。

使った文房具

- 女の子の気持ちスタンプ・曜日のスタンプ（ステッチリーフ×オスコラボ）
- バーサマジック（ツキネコ）
- スイングクール（スタビロ）
- 大人の色鉛筆（北星鉛筆）
- トリプラスファインライナー（ステッドラー）
- フリーリスト（ステッチリーフ）

目的別 ⑤ 日記を書きたい

スタンプを押せば雰囲気アップ

小さな絵日記帳

美術館に行くと絵画が額に入れて飾られていますよね。どんな作品でもフレームに入るとなんだか立派に感じられるもの。というわけで、絵日記にも枠を設けてみて！スタンプでフレームを作り、描きたいときだけ描く絵日記2種です。

> **POINT**
> こちらは縦書きの罫線をスタンプで押した日記です。これを押すだけでどんな紙でも絵日記風になる便利なアイテム。絵も文字も、固定のフレームがあったほうが書きやすいですよ。

使った文房具
- かたちのスタンプメモM・天気チェックアイコン・手帳こつぶスタンプ スニーカー・たて書き日記スタンプ（鳥の葉工房）
- 31日のスタンプ・ABCのスタンプ（ステッチリーフ）
- バーサマジック（ツキネコ）
- 大人の色鉛筆（北星鉛筆）
- 油性ボールペン（アンテリック）
- ミックス方眼（ステッチリーフ）
- 書きやすいルーズリーフミニ無地（マルマン）

PART 01　PART 02　PART 03　APPENDIX

049

目的別 ⑤ 日記を書きたい

はじめから枠のある画用紙に描く
黒板柄のミニ絵日記

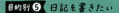

前ページではフレーム風のスタンプを使った絵日記をご紹介しましたが、それも面倒だな……という人は、はじめから枠が印刷されているリフィルがおすすめ。ここで使うのは黒板柄のミニリーフ。女の子も印刷されています。

POINT
あらかじめ印刷されている女の子のイラスト。洋服に柄を描いたり塗り絵感覚で色を塗ったり。服の形にマスキングテープを貼ってみても。日記の内容に合わせて着せ替えしてみて。

目的別 ⑤ 日記を書きたい

2種類のポケットを活用
旅行プラン＆旅の記録

旅行は計画を立てるところから始まっている！むしろプランを考えるのが好き！という方は、旅のしおり感覚で予定をまとめてみませんか。ミニサイズのルーズリーフに収納用のポケットを追加して思い出もご一緒に！

POINT
ファスナー付きポケットの中には、チケットなどの紙ものを。付箋などこれから使うものを入れておいても便利です。

POINT
ルーズリーフの裏面側には、帰宅したあとの思い出を記入。右側にはクリアポケットを綴じて、旅先で撮ったベストショットを。L版サイズの写真がピッタリ入ります。

> **POINT**
> 表面側には、旅行の1日の計画を記入。電車の発着時間や食事の予定など、わくわくを詰め込んで。

使った文房具

- 31日のスタンプ・ABCのスタンプ（ステッチリーフ）
- ジムスタンプ「PLAN」「DIARY」（オスコラボ）
- 手帳こつぶスタンプ各種（鳥の葉工房）
- バーサマジック（ツキネコ）
- マステ®水性ペンで書けるマスキングテープ（マークス）
- ズームインアニマルラッコ（エヌビー社）
- 油性ボールペン（アンテリック）
- ダイアリーミニ（ステッチリーフ）
- ファスナー付きポケットミニ・クリアポケットミニ（マルマン）

目的別 6 好きなものを愛でたい
「好き」を1冊にギュッと綴じる
推し活手帳

あなたの推しは誰ですか？ 好きなアニメ、憧れているアイドル、追っかけているバンド……。愛する何かがあると人生は輝きます！ せっかくなので推しのすべてを1冊のバインダーにギュギュっと綴じ込んでみましょう。

目的別 ❻ 好きなものを愛でたい

写真収納もルーズリーフで
愛犬の写真アルバム

犬や猫など大切な家族のかわいい姿は、いつまでも残しておきたいものですよね。ルーズリーフのリフィルにはさまざまな種類が用意されていて、写真のアルバムリフィルもあるんです！ 愛にあふれた1冊を作ってみましょう。

POINT
シートタイプのアルバムリフィルなので、好きなサイズ、好きな形の写真を自由にレイアウトできます。ダイカットのシールやミニカードなどにコメントを添えて。

PART 01 PART 02 PART 03 APPENDIX

057

目的別 7 見本帳を作りたい

眺めて楽しいカラフルなページ

スタンプインクの見本帳

文房具を愛する人にとって、色数のあるインク類はコレクションアイテム！ついついたくさん買ってしまうという人も多いのでは。同じ色を買ってしまわないよう、持っている色を一覧できる色見本を作っておきましょう。

> POINT
> 横長のスタンプを使った色見本。印面の半分くらいまでインクを付けて短めに押しました。こうすることで色名を書き込むスペースを確保。

> POINT
> インク瓶の形の小さなスタンプを使った色見本。瓶が満タンの状態のスタンプと、空っぽの状態のスタンプを上下に並べて同じ色で押し、空っぽのほうに色番号を記入。

POINT
似ている色を並べて押すと、色の違いが分かりやすいです。お気に入りの色番号に▼マークを押しています。

使った文房具
- カタチ×モヨウスタンプ各種（オスコラボ）
- 手帳こつぶスタンプ各種（鳥の葉工房）
- バーサマジック（ツキネコ）
- 画用紙のルーズリーフミニ 7つのメモ・タイトルメモ（ステッチリーフ）
- 書きやすいルーズリーフミニ 5mm方眼（マルマン）

目的別 7 見本帳を作りたい

インクの色が一目でわかる
万年筆インクの見本帳

「インク沼」という言葉があるように、色数が多くユーザーを深く魅了するのが万年筆インクの世界です。万年筆インクは、使う用紙で大きく発色が変わるので、紙選びも大事なポイント。また色変えにはつけペンが便利です。

> **POINT**
> 女の子の帽子や洋服を色変えしたインクの色見本です。ドットやストライプ、ボーダーなど模様を描いてにぎやかに。万年筆は色変えが大変ですが、つけペンなら次々色を使えます。

使った文房具
- オーバルかさねわく 中 はんこ（鳥の葉工房）
- バーサマジック（ツキネコ）
- いろうつし（パイロット）
- 画用紙リーフミニ（マルマン）
- ノーブルルーズリーフ 方眼（ライフ）

目的別 7 見本帳を作りたい

色の組み合わせが楽しい
マーカーの色見本

マーカーペンの色見本は、単色だけではなく異なる色の組み合わせを試してみるのも楽しく、実用性の高いサンプルになります。ベースとなる1色につき1ページを使い、他の色を組み合わせた配色バリエーションを並べます。

APPENDIX
→ 144ページ

POINT
方眼に沿って線を引くと、バランスのいいチェックができます。チェックの書き方は別のページで詳しく解説しています。

> **POINT**
> ベースとなる1色と色名を冒頭に記載し、他の色との組み合わせたチェック模様を1ページに並べていきます。ベース色で横線を書き、異なる1色で縦線を書き加え、上にその色名を。

使った文房具
- スイングクール（スタビロ）
- タイトルメモ（ステッチリーフ）

063

目的別 ⑦ 見本帳を作りたい

貼って楽しい、眺めてときめく

マスキングテープ帳

ついついマスキングテープを買ってしまうけど、もったいなくて使えないというそこのあなた！ 見本帳を作ってコレクションしておけば心置きなく使えますよ。ルーズリーフならアイテム増にあわせてページもどんどん増やせます。

POINT

柄を長く見せたいときは、A5サイズのルーズリーフを横向きに使って貼るとたくさん貼れていい感じ♪

SHIMOJIMA WRAPPING CLUB ASAKUSABASHI with mt 2021

まるいちきゅう christmas

mTOIK2226
るみ割りん形

TOIK2234
ジャーブレッドマン

DIK2236
のトナカイ

K2235
ペンギン

2237
スマスツリー

￥260

￥260

￥260

￥260

￥260

2021.12月

使った文房具

● 書きやすいルーズリーフミニ 3㎜方眼（マルマン）
● 横向き罫線（ステッチリーフ）

PART01 PART02 PART03 APPENDIX

065

目的別 8 目標や夢を叶えたい

色付きリフィル＆キラキラシールで

夢かわいい
ウィッシュリスト

WISH LIST

部屋に植物をふやす

野菜を育てる！

せいろで蒸し料理に挑戦！

編みものに挑戦！

文具棚をキレイに整頓

書類棚を整理

ジムに通う！

家族でカラオケ大会

おいしいホタテが食べたい。

ホームパーティーをする月

マステ帳を作る♪

マイナス5kg！！

インク見本帳を作る♪

タコ焼きパーティーをする

> **POINT**
> ゴールドのシール
> やマスキングテー
> プでキラキラに！
> 叶ったリストの冒
> 頭には完了シール
> を貼ってどんどん
> 輝きアップ。

> **POINT**
> 罫線にはスリム幅のマスキン
> グテープを使っています。均
> 等なバランスで貼ってから文
> 字を書き込みました。

066

叶えたい夢、憧れの場所、ずっと欲しいアレやコレ……。人生は一度きり。今年は欲しいもの、全部手に入れましょう。実現のためには可視化が大切。夢かわいいパステルカラーとキラキラシールで見返したくなるページに！

> **POINT**
> 行きたいところ、欲しいものなどジャンルごとにミニサイズのリフィルに書き出します。叶ったものは、ハートや星のラメシールを貼ってかわいく！

PART 01
PART 02
PART 03
APPENDIX

IKITAI

- 鎌倉散策
- 北海道旅行
- 文房具のイベント
- ミュージカル
- 動物園
- 京都旅行
- 水族館
- イチゴ狩り
- 鉄板焼き
- ジャガイモ専門店
- 浅草食べ歩き
- 花火大会

HOSHII

- 置き時計
- 万年筆
- バインダー
- 黒のリュック
- ベージュのスニーカー
- デスクトップパソコン
- キルティングコート
- 文具の収納棚
- ぜいろ
- ウォーターサーバー
- かわいい食器
- ホットプレート

使った文房具

- キラキラマスキングテープ（ワールドクラフト）
- グリッターステッカーゴールド（トゥールズ）
- ハートシール・スターシール（奥山商会）
- 文字コレクション・グルーミングシーンステッカー（マインドウェイブ）
- 書きやすいルーズリーフエレガント 横罫6mm ホワイトリリー・書きやすいルーズリーフミニ くすみカラーアソート（マルマン）

目的別 ⑧ 目標や夢を叶えたい

月ごとに実現したいことを記入

年間目標

1年間は長いようで短いもの。またあとでいいか……なんて思っていると、あっという間に新年です。今年はこれをやるぞ！と12個目標を書き出して、本気を出してみましょう。ポイントシールを貼ってかわいく！

POINT 目標の内容や季節に合わせてシールをチョイス。同じシリーズのシールを使うと統一感が出ます。

POINT 使うマーカーを12色選んで、月に合わせて2色ずつ使います。マーカーの上から回転印で月名を押します。

使った文房具
- 回転印12ヵ月（ミドリ）
- まほろばステッカー（マインドウェイブ）
- マイルドライナー（ゼブラ）
- ミックス方眼（ステッチリーフ）

068

目的別 8 目標や夢を叶えたい

スマイルシールでモチベーションアップ！
お手伝い表

子どもにお手伝いなどの習慣を付けてほしい……そんなときに子どものモチベーションをあげてくれるのは、やっぱりご褒美シール。顔付きのカラフルなシールなら子どもうけ抜群！バインダーボード®に綴じて毎日チェックです。

使った文房具
- 曜日のスタンプ（ステッチリーフ×オスコラボ）
- バーサマジック（ツキネコ）
- マステ® 水性ペンで書けるマスキングテープ マンスリー用 フラッグ（マークス）
- スマイルシール（奥山商会）
- マイルドライナー（ゼブラ）
- 片面スケジュール（ステッチリーフ）
- 書きやすいルーズリーフミニ 5mm方眼 カラーアソート（マルマン）

POINT 曜日部分も楽しげに。フラッグデザインのマスキングテープを貼り、上から曜日のスタンプを押しました。

POINT お手伝いのお仕事内容はルーズリーフミニに書き出し、内容別にシールの色を分けます。お手伝いができた日には色のシールをペタリ。

[目的別 9] 仕事で活用したい

印刷した資料に穴を開けて綴じる
資料収集バインダー

仕事にまつわる紙の資料。ごちゃごちゃと増えてしまって必要なものが見つからない……そんなことありませんか。紙のビジネス資料も専用パンチで穴をあければルーズリーフに綴じられます。大判のものも折って収納！

> POINT
> 印刷した写真をリフィルに貼って資料作り。ルーズリーフなら順番変更もページの増減も自由自在。見せる相手に合わせて内容を入れ替えたり、説明する順番に並べ替えたりといったことも。

目的別 9 仕事で活用したい

内容別に色分けをして記録
コモンプレイス手帳

ここ数年注目を集めている「コモンプレイス手帳」をご存じですか？思いついたアイデアや気になった言葉などを、KEYと呼ばれる目印を付けながら記述していきます。仕事のアイデアや企画を練るのにピッタリな手帳術です。

POINT
丸シール自体もリングリーフ（55ページ参照）を貼って綴じ込み。使いたいときにすぐに使えます。

POINT
ジャンル分けのマークをKEYと呼びます。どの色のシールがどの分類なのかをルーズリーフミニに記入。余分な幅をカットし、マステを貼って角丸にしました。小さいので移動させやすく、いつでも見られて便利です。

使った文房具
- ポイントシール（セリア）
- リングリーフ（カンミ堂）
- マージン罫線（ステッチリーフ）
- 書きやすいルーズリーフミニ 10mm横罫（マルマン）

073

目的別 9 仕事で活用したい

名刺もメモも一緒に持ち歩き
ミニサイズで TO DO 管理

やることが多くてタスクを忘れちゃう！という人におすすめなのが、ミニバインダーを使ったTO DOリスト。やることを書いていつでも携帯可能です。パソコンの手前など狭いスペースでも広げて置けちゃいます。ポケットで名刺収納も。

POINT
カードポケットなら、出先でいただいた名刺もしっかり収納可能。重ねてしまう名刺入れと違って、閲覧性・検索性も高く、関連情報をメモで添えるなどの活用もしやすい。

POINT
TO DOの内容によってマーカーの色を変えてチェックボックスを。やったことはチェックを入れ、日付を記入。

POINT
ファスナー付きポケットには自分の名刺をガサッと収納。いざというときのストックに便利です。付箋などよく使う文房具を入れるのもおすすめ。

074

最後は「暮らしの中での活用アイデア」です。暮らしといえば衣食住。特に食まわりはレシピを中心に書き残したいこともいっぱいありますよね。ここではお料理教室で実際に教えているレシピを2種類のルーズリーフに書いてみました。

POINT
レシピ名は水性ペンで書き込めるタイプのマスキングテープに記入。

POINT
写真はスリムなキラキラマステで囲んで上品なフレーム風に。

POINT
レシピによって手順や材料など、書きたい内容の量が異なる場合は、罫線の種類やレイアウトを変えてみましょう。

目的別⑩ 暮らしで活用したい

スタンプやマスキングテープでかわいく
ミニサイズのレシピ

今度は、先ほどのレシピブックよりももう少し気軽に書ける、ミニサイズのレシピです。完成した料理の写真に加えて、マスキングテープのデコ、部分的なスタンプ表現でかわいく楽しく仕上げます。

POINT
材料と感想の部分には、付箋のようにも使えるフレークタイプのマスキングテープを使用。フキダシや雲のような形にカットすると楽しい雰囲気に。

POINT
料理の手順の数字にはスタンプを使ってアクセントにしています。

使った文房具

- 31日のスタンプ（ステッチリーフ）
- バーサマジック（ツキネコ）
- マステ® 水性ペンで書けるマスキングテープ フレークタイプ 方眼A（マークス）
- おかわりますてクッキー（パピアプラッツ）
- 油性ボールペン（アンテリック）
- ダイアリーミニ（ステッチリーフ）

078

目的別 10 暮らしで活用したい

ジャンル別・買う場所別で管理する
ミニサイズの買い物リスト

お買い物は楽しい面もあるけれど、生活の中で必要なものを買い忘らずに生きていくのは、結構大変だったりもします。買いたいもの、買わなきゃいけないもの、みんなリストにまとめて、効率よく買い回りましょう。

> POINT
> スーパーで買うもの、ドラッグストアで買うものなど、買う場所ごとに分けたリスト。行ったときに買い忘れがないようにチェック！

> POINT
> こちらは買いたいもののジャンルごとのリスト。ファッションアイテム、インテリア雑貨など目的に合わせて書き出してみましょう。

使った文房具
- きょうもいちにち（マインドウェイブ）
- マイルドライナー（ゼブラ）
- ユニボールワン（三菱鉛筆）
- リストミニ（ステッチリーフ）

> **使った文房具**
> ● 小さなカタチ×モヨウスタンプ サンカク・カタチ×モヨウスタンプ ライン まっすぐ ドット（オスコラボ）
> ● 手帳こつぶスタンプ プレゼント（鳥の葉工房）
> ● クリッカート（ゼブラ）
> ● サラサ（ゼブラ）
> ● フリーリスト（ステッチリーフ）

POINT
贈りものはターコイズブルー、頂きものはピンクのインクでスタンプを押します。プレゼント柄のスタンプが大活躍。

POINT
三角のスタンプを薄い色のインクで押したあと、ワントーン濃いインクで模様のスタンプを重ねるとかわいいフラッグに。

APPENDIX
→147ページ

目的別 ⑩ 暮らしで活用したい
人とのお付きあいを管理する

贈りもの・頂きものリスト

暮らしのいろいろなシーンで行われる贈答。お歳暮やお中元といったあらたまったものだけでなく、ちょっとした手土産などもうれしいものです。いただいて美味しかったもの、贈って喜ばれたもの、ぜひ書き残してみて。

目的別 10 暮らしで活用したい

住所や連絡先、ID、パスワードを管理
いろいろアドレス帳

スマホで管理することが増えている住所や電話番号といった連絡先ですが、いざというとき紙にまとめてあると助かるケースもあるもの。増え続ける各種サイトのIDやパスワードとともに紙に書き記してみましょう。

POINT
ここではお店の情報をまとめましたが、近親者や病院の情報を書いておくのもおすすめ。おうち、電話、メールのアイコンは、定規のテンプレートを使用。

POINT
ミニリーフでは、いろいろなサイトのパスワードとIDを管理。そのほか、サブスクリプションの利用状況などもまとめておくと便利。

使った文房具
- ID・パスワード管理スタンプ（鳥の葉工房）
- バーサマジック（ツキネコ）
- マイルドライナー（ゼブラ）
- ジュースアップ（パイロット）
- クリップルーラー（ミドリ）
- タイトルメモ（ステッチリーフ）
- 書きやすいルーズリーフミニ 5mm方眼 カラーアソート（マルマン）

081

PART 02

1つのフォーマットでここまでいろいろ！
マンスリーのアレンジ12選

1か月の予定を一覧で見られるのが便利なマンスリーのフォーマットですが、「買ったけど使っていない」という声もよく聞きます。そんな持て余しているマンスリーを楽しく使ってみませんか？書きたくなる、使いたくなるマンスリーのアイデアを1～12月まで紹介します。

コーデ記録、日記、推し活など、1か月を楽しく過ごせるマンスリー活用アイデア

マンスリーの使い道は、予定管理だけじゃありません。

1か月が一覧になっているので、毎日のコーディネートや、家計簿、体調、献立、日記など活用方法はいっぱい！

ほかにも、毎日シールを貼ったり、イラストを描くだけでも、充実したページができあがります。

マンスリーのフォーマットは、1マス1マスを埋めていく楽しさがあり、1か月過ごしたあとのページを見返して満足できるところも魅力です。

もし持て余しているマンスリーがあったら、これから紹介する12か月分のアイデアからやってみたいものをぜひ探してみてくださいね。

※この章では、すべて「ステッチリーフのルーズリーフダイアリー 2024」を使用しています。

マンスリー × コーディネートログ

MONTHLY アレンジ 1月

毎日のファッションをイラストで残す

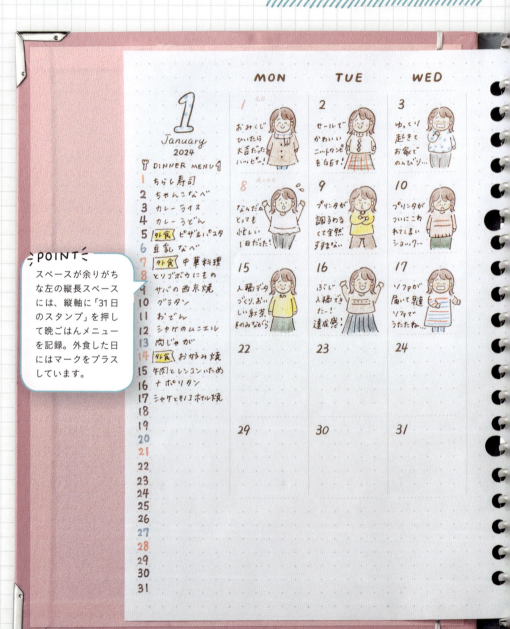

POINT: スペースが余りがちな左の縦長スペースには、縦軸に「31日のスタンプ」を押して晩ごはんメニューを記録。外食した日にはマークをプラスしています。

マンスリーページを使って毎日のファッションコーディネートをイラストで記録してみましょう。よく着ているお気に入りの洋服や、着こなしのバリエーションがひとめでわかります。ひとこと日記を添えれば楽しい絵日記に。

APPENDIX
→146ページ

POINT
毎日の服装をイラストで。難しそうに見えますが顔部分は実はスタンプ！色鉛筆でカラフルに仕上げました。その日の出来事や感想も短い文章で書き添えましょう。

使った文房具
- 女の子の気持ちスタンプ・31日のスタンプ（ステッチリーフ）
- バーサマジック（ツキネコ）
- 大人の色鉛筆（北星鉛筆）
- トリプラスファインライナー（ステッドラー）

087

MONTHLY アレンジ 2月

習慣化したいことをリストで毎日管理
マンスリー × ハビットトラッカー

習慣化したいことをリストにして、毎日できたかどうかをチェックする「ハビットトラッカー」いろんな形式がありますが、マンスリー手帳を使えばとっても手軽。目標ごとに色変えしたマーカーを使って記入します。

> **POINT**
> キャラクターアイコンで気分も記録。5色のマーカーで丸を描き、笑顔からしょんぼりまで表情を加えて、5段階のアイコンに。

使った文房具
- マイルドライナー（ゼブラ）
- 油性ボールペン（アンテリック）

MONTHLY アレンジ
3月

HAPPYな出来事だけ書き記す
マンスリー × いいこと日記

人生いいことも悪いことも起きるもの。でもいいことだけを書き残せば、見返すだけでHAPPYな日記ができあがります。ポイントはかわいいシールやマスキングテープでデコること！楽しい雰囲気に仕上げましょう。

POINT
マンスリーの1枠にピッタリサイズのスタンプを押し、上からお花模様のマスキングテープを貼っています。

POINT
嫌なことは書かずに忘れちゃいましょう。楽しかったこと、よかったことだけ書き込んで。書けなかった日は、余白をシールやスタンプで楽しく埋めます。

使った文房具
- カタチ×モヨウスタンプ各種（オスコラボ）
- バーサマジック（ツキネコ）
- マステ®水性ペンで書けるマスキングテープ mizutama タイトル用フラワー（マークス）
- トリプラスファインライナー（ステッドラー）

今年こそは！とはじめてみても、続かずに挫折しがちな家計簿。小さなスタンプをたくさん使って、グラフィカルに楽しく続けてみましょう。マンスリーなら見開きで1か月のお金の使い方を俯瞰できて便利です。

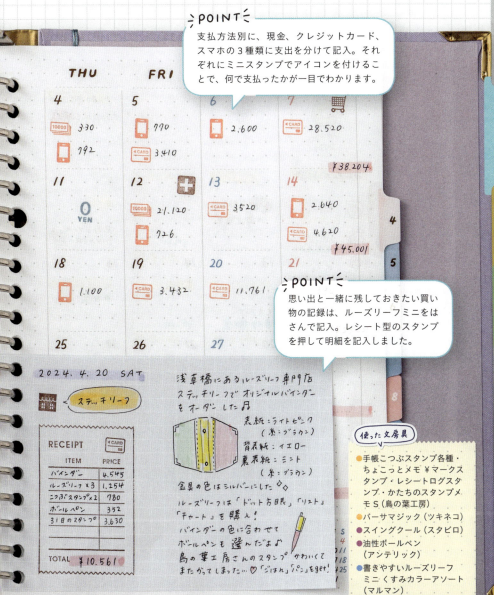

MONTHLY アレンジ 5月

その日の出来事にちなんだシールを貼る
マンスリー × シールデコ

絵心がないから絵日記を描くのは無理……という人でも、出来事にちなんだシールを選んで貼るだけの簡単日記です。「かわいくて買ったけどなかなか使えない」というシールもどんどん貼って、眺めて楽しいページにしちゃいましょう。

MONTHLY アレンジ

6月

紫陽花カラーの付箋でつくる

マンスリー × TO DO リスト

> POINT
> 仕事の TO DO には、ブルー系の付箋を使用。やる日程が未定のことは左のスペースに置いておき、やる日が決まったら付箋を移動。貼りなおせるのが付箋の利点。

日々やらなければいけないことは盛りだくさん。忘れてしまわないように TO DO リストにメモしましょう。増えたり減ったりするリストには、貼りなおせる付箋がおすすめ。季節感のあるカラーをセレクトしてみましょう。

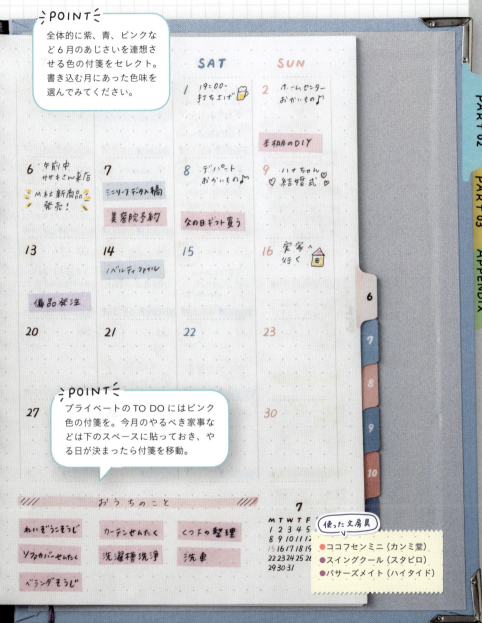

MONTHLY アレンジ

7月

健康に関する情報を見開きに

マンスリー × 体調管理

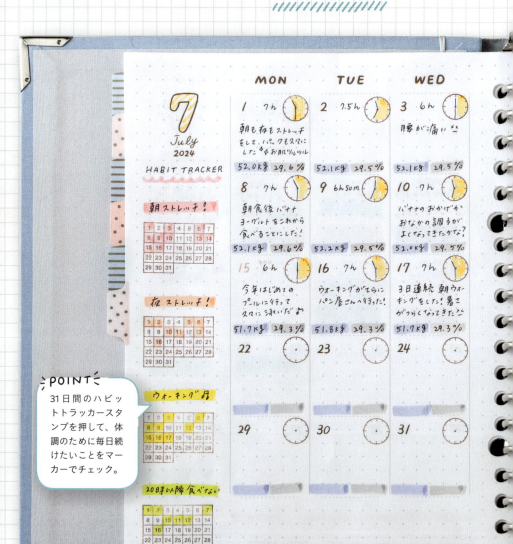

POINT
31日間のハビットトラッカースタンプを押して、体調のために毎日続けたいことをマーカーでチェック。

健康管理を目的としたページを作ってみませんか？ 睡眠時間や体重、その日の気になる体調などをマンスリーに記録します。毎日書けるかな？ と不安な人も、ルーズリーフなら気軽に1か月から始められるのも利点です。

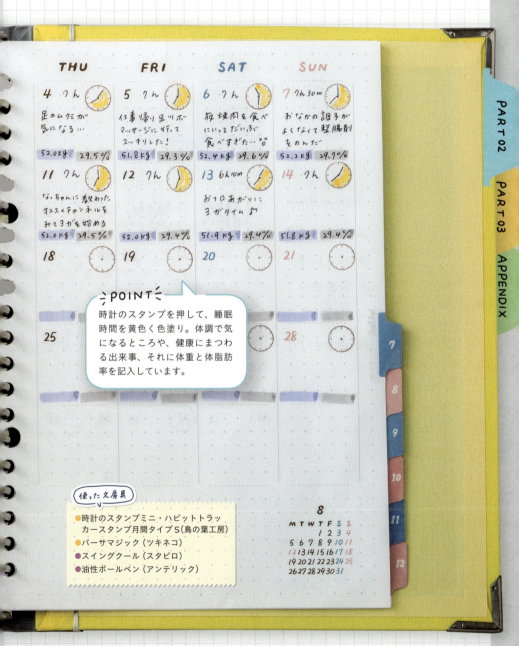

MONTHLY アレンジ
8月

1日1マス、夏休みの絵日記風が楽しい
マンスリー × お絵描き練習帳

絵を描くのが上手くなりたいな、という人にもおすすめのお絵描き練習術。大きな絵を描こうと思うと尻込みしてしまう人でも、小さな1マスなら挑戦しやすいもの。夏休みの宿題感覚で、夏のモチーフを31個描きました。

MONTHLY アレンジ 9月

万年筆で大人っぽく仕上げる
マンスリー × 献立表

> POINT
> 余白には、今月食べたいものを書き出しておきます。秋の味覚など旬のものや、体調に合わせた料理を。実際に食べたものはハートマークを塗りつぶし。

> POINT
> 主食の種類別に模様を決めておき、メインディッシュの下に模様を書き込みます。外食の日にもマークを。

9月のマンスリーは献立表。素敵なレストランのメニューのように、シックな雰囲気にしてみました。使う筆記具は万年筆。秋らしい色味のインクをセレクトするのがポイントです。月ごとにインクを選ぶのも楽しいですね。

THU	FRI	SAT	SUN
			1 カレーライス ・サラダ ・焼き野菜
5 豚しゃぶ ・キノコたきこみご飯 ・ナスのみそ汁	6 ナポリタン ・サラダ ・野菜スープ	7 サバの西京焼 ・ナス、ピーマンおひたし ・だしまきたまご ・豚汁	8 お好み焼 ・野菜スティック ・ポテトサラダ
12 チキンソテー ・焼き野菜 ・マッシュポテト ・コーンスープ	13 ポトフ ・キノコのマリネ ・スクランブルエッグ	14 外食 ・天ぷら ・とろろそば わらびもち♡	15 オムライス ・サラダ ・焼き野菜
19 豚肉のしょうが焼 ・キャベツ、ポテサラ ・温玉 ・キノコのみそ汁	20 ナスのミートソースパスタ ・サラダ ・キノコのマリネ ・コーンスープ	21	22
26	27	28	

POINT

万年筆のみを使って大人な雰囲気に。色とりどりのインク売り場で、季節にあった色を探してみましょう。

使った文房具

●カクノ（パイロット）

10

M	T	W	T	F	S	S
	1	2	3	4	5	6
7	8	9	10	11	12	13
14	15	16	17	18	19	20
21	22	23	24	25	26	27
28	29	30	31			

PART 02　PART 03　APPENDIX

9
10
11
12

103

マンスリー × 推し活

MONTHLY アレンジ 10月

推しのスケジュールを完全網羅！

> POINT
> メンバーカラーに合わせてマーカーの色をセレクト。出演するテレビ番組名に、メンバーの色のマーカーを引きます。全員出演の場合の色も決めておきましょう（ここではグレーを使用）。

大好きなグループやメンバーの情報を、あますことなくマンスリーにまとめてみましょう。さまざまな出演情報をメンバーごとに色分けして記載。ルーズリーフはいろいろな紙ものも綴じられるので、推し活手帳でも大活躍します。

POINT
ハートマークはブログの更新記録。日付部分に、ブログを更新したメンバーの色のハートを記入しています。

行ってみて楽しかった雑貨店、初めて訪れたおいしいケーキ屋さん……。記録しておきたいなと思いつつ忘れてしまうことも。専用のページを設けておけば、いつでも見返せて便利です。スタンプでかわいく仕上げましょう。

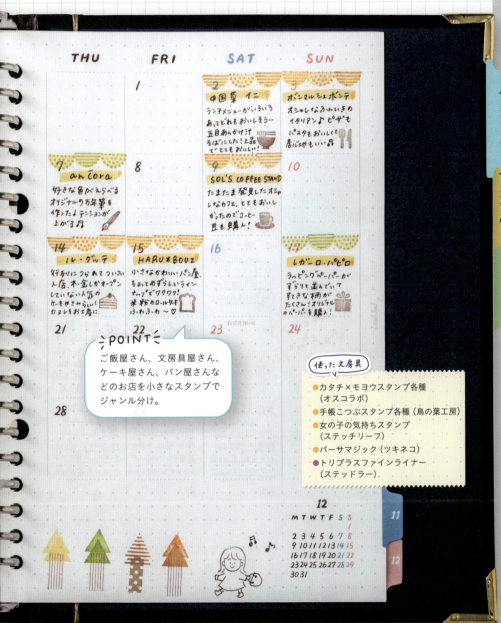

MONTHLY アレンジ 12月

ラッピングペーパーを使ってクリスマスデコ
マンスリー × 育児日記

POINT
好きなラッピングペーパーを1枚選んで、柄を好きな形に切って貼ります。マスキングテープも色の雰囲気を合わせてみて。

12月といえばやっぱりクリスマス。落ち着いた赤とグリーンを基調にデコをまとめるとおしゃれな雰囲気に。ここではクリスマス柄のラッピングペーパーを使う方法を紹介します。かわいくデコをして、楽しく育児日記を書いてみましょう。

COLUMN 1
ルーズリーフと一緒に使って楽しい
お気に入りの文具たち

まやこが普段から愛用している文具たちを、おすすめコメントを交えながら紹介します。本書の各所に登場しているアイテムばかりなので、ぜひチェックしてみてください♪

マーカー&ペン

マイルドライナー（ゼブラ）

絶妙な色合いが豊富に揃っていて、つい集めてしまいます。私は色がわかりやすいように、ラベルシールにチェックを書き、ワンポイントで「女の子の気持ちスタンプ」を押してキャップに貼っています。普段、マーカーの太い方ではチェックボックスなどを書いて、細い方ではタイトルなどの文字を書いて使っています♪

スイングクール（スタビロ）

淡い色合いでどの色を選んでもかわいい♡ グラデーションのような色の組み合わせで書くのもおすすめ！ 平べったいボディで見た目もかわいく、線も引きやすいです。握る向きを変えると線の太さが変わるので、タイトル文字などのレタリングにもぴったり♪

大人の色鉛筆（北星鉛筆）

木軸がおしゃれなノック式の色鉛筆セット。この13色があれば、お絵描きや塗り絵もしっかり楽しめます。芯を削る必要もないので短くなることもなく、いつでも書きやすい！ 単色でペンケースに入れて持ち歩いて、マーカーのような感覚で使うのも◎。

油性ボールペン（アンテリック）

上軸と下軸の色の組み合わせを自由に選べるカラフルなボールペン。バインダーの色に合わせて使うとテンションアップ♪ 書き味も滑らかで、細かい字も書きやすいです。ルーズリーフミニのバインダーと一緒に使うのにピッタリの小さいサイズもあるんです！

ゲルインクボールペン（アンテリック）

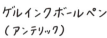

キャップのような部分をカチッとノック！ 書き心地がとても良く、くっきりと書けます。淡いグレー、発色の良いターコイズ、ピンクの組み合わせがお気に入りです。

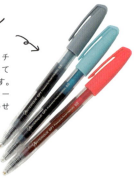

スタンプ & インク

オスコラボ

ぷっくりとした数字の「バルーンナンバースタンプ」は数字の中に色を塗るとさらにかわいい♡ レトロな文字で、押すとシックな雰囲気になる「ジムスタンプ」もお気に入り。ドットやストライプ、ボーダーなど、デコにおすすめの「カタチ×モヨウスタンプ」も本書で大活躍しています。

鳥の葉工房

ライフログや、家計簿、体調管理などが楽しくできる、シンプルでデザイン性の高いスタンプがたくさん！サイズのバリエーションも豊富で、ルーズリーフや手帳のサイズにピッタリ合うのも嬉しいところ♪ 小さな「手帳こつぶスタンプ」はたくさん揃えたくなるかわいさです。

ステッチリーフ

「31日のスタンプ」と「ABCのスタンプ」は、実際私が5mm方眼に書いた文字をそのままスタンプにしたもの。様々な罫線に押しやすいとても小さなスタンプです。手書きの風合いを感じながら、オリジナルの手帳作りが楽しめます♪

バーサマジック デュードロップ (ツキネコ)

こちらの本に登場するスタンプは、すべてこのインクを使っています。裏抜けがしにくいインクなので、ルーズリーフに最適。雫のような形をしていて持ちやすく、スタンプにインクをつけやすいのもおすすめポイント♪

ミニクリップココフセン (カンミ堂)

2色の小さなフィルム付箋がついたクリップ。A5サイズのルーズリーフのマンスリー枠(3cm角)などにちょうどいいサイズ感で貼れます！フィルムタイプの付箋は、油性ボールペンで書けますが鉛筆との相性も良いですよ。

マスキングテープ & 付箋

マステ® 水性ペンで書ける マスキングテープ (マークス)

その名の通り、水性ペンで気軽に書けるので、タイトルや一言コメントなどを書いて貼れば実用的かつ、かわいいデコになります。ロールタイプ・フレークタイプなどいろいろな形がありますよ♪

リングリーフ (カンミ堂)

小さなリングノートのような見た目ですが、実際は、右側が剥がせるシールになっていて、左側に切り込み付きの穴があいています。カードやメモなどに貼ればバインダーに綴じることができる便利なアイテムです！

COLUMN 2
イラスト入りでにぎやかに♪
まやこのマンスリー絵日記

私がマンスリーページに書いている日々の出来事を記録したイラスト入りの絵日記をご紹介。「ハッピーなできごと」をテーマに、楽しかったこと、嬉しかったこと、美味しかったもの、頑張ったことなどを書いています。「今日は特に書くような出来事がなかった」という日も、ささやかな出来事を見つけて絵日記にしていると、ページが埋まった時に充実した毎日を送っているような達成感が得られます。

余白のスペースは、書き残しておきたいことを自由に書いています。3月は大阪と北海道に行ったので、旅先で食べた美味しいものを記録。他の月には、見ているドラマや、その時にハマっているもの、ことなどを書いたりしています。

PART 03
バインダーに"綴じる"を とことん楽しむテクニック

バインダーのいいところは、抜き差しができて、何でも綴じられるので、自分なりのカスタマイズが楽しめるところ。この章では、バインダーならではの楽しさが広がるテクニックを紹介します。便利で楽しくなるアイデアがいっぱいです。

バインダーには
ルーズリーフを綴じる以外の
楽しみもいっぱい！

リングに好きなリフィルをセットして、自由にカスタマイズできるのがバインダーの大きな魅力です。カラフルなインデックスを入れて、使いやすくカテゴリー分けしたり、便利なポケットリフィルを使って、お気に入りの紙ものを入れたりなど、バインダーの中を大好きな宝箱にしちゃいましょう！
そのほかに、バインダーギフトの提案や、外したリフィルの保管方法なども紹介します。

PART 03　APPENDIX

インデックスを使いこなそう ①
インデックスをカテゴリーで分ける

バインダー＆ルーズリーフなら、ページを自由に編集できるので、予定、日記、メモなど自分でカテゴリーを分けて使うことができます。そんなときに役立つのがインデックス。紙のインデックスなら、スタンプを押したり、タイトルを書き入れるなどのアレンジも自在です。

インデックスをスタンプでデコ

インデックスをスタンプでデコすれば カテゴリーが一目でわかります

使ったアイテム

●ノート スタンプ XL サイズ
（鳥の葉工房）

●手帳こつぶスタンプ
（鳥の葉工房）

●バーサマジック デュードロップ
（ツキネコ）

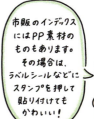

市販のインデックスにはPP素材のものもあります。その場合は、ラベルシールなどにスタンプを押して貼り付けてもかわいい！

1 スタンプを中央とタブに押す

ノートスタンプをインデックスの中央に押す。ノートスタンプ内と、タブに手帳こつぶスタンプを押す。

2 カテゴリーを書く

カテゴリーの「Schedule」を書き入れる。スタンプの罫線の幅を意識しながらバランスよく書く。

> インデックスを使いこなそう②

カレンダー付きで便利な月別インデックス

スタンプでデコをしたインデックスに、シールタイプのカレンダーを貼ってみましょう。さらにルーズリーフミニを綴じて1週間のTO DOなどを書けば、デスク周りで実用的に使えます。

タブをスタンプでデコ

薄めの色のインデックスに模様スタンプを押すとかわいい仕上がりに！

使ったアイテム
- カタチ×モヨウスタンプ テープ太 ななめ・ドット黒（オスコラボ）
- ペインタブルスタンプ 回転印 12カ月（ミドリ）
- バーサマジック デュードロップ（ツキネコ）

1 タブの下に紙を敷く
スタンプがはみ出してもいいように、インデックスの下にコピー用紙などの紙を敷く。

2 模様のスタンプを押す
タブの部分に模様のスタンプを押す。

3 回転印を押す
模様のスタンプが乾いたら、文字が真ん中に来るように位置を合わせて回転印を押す。

シールでインデックスを便利に

シールタイプのカレンダーはいろいろ発売されているので、好みのものを選んでみて。

使ったアイテム
- カスタムダイアリーステッカーズ（グリーティングライフ）

- 31日のスタンプ（ステッチリーフ）
- 季節のお絵描きシール 1月〜6月（ステッチリーフ）

月と日付をスタンプで押し、シールでかわいくデコして貼れば、オリジナルのかわいいカレンダーのできあがり。これをペタっと貼れば、インデックスがぐっと便利にかわいくなります。

PART 03 APPENDIX

> インデックスを使いこなそう③

仕事とプライベートで1つのバインダーを使い分け

くるっと
ひっくりかえして

バインダーの表紙側には仕事関連のルーズリーフを、裏表紙側にはプライベートな内容のルーズリーフを入れて、くるっとひっくり返して2通りに使うことができます。ステッチリーフのオリジナルバインダーなら、表紙と裏表紙の色を変えたり、自由にインデックスの色を選べるので、こんな使い方も楽しめます。

仕事は青系でまとめる

仕事のテーマは「青」に。ネイビーの表紙を開いたときに青系統でまとめた項目別のインデックスが見えるようにセットします。

表紙はネイビー色に

6山セットのインデックスの半分（3山分）を青系統の色に。

カテゴリーは「SCHEDULE」「TO DO LIST」「MEMO」に分けて。

プライベートは赤系でまとめる

プライベートのテーマは「赤」。反対側のワイン色の表紙を開いたときに赤系統でまとめた項目別のインデックスが見えるようにセットします。

表紙はワイン色に

6山セットの残り半分のインデックスを赤系統の色に。

カテゴリーは「SCHEDULE」「DIARY」「WISH LIST」に分けて。

※ステッチリーフのオリジナルインデックスは1山目〜3山目をひっくり返すと4山目〜6山目になります。バインダーにインデックスをセットするときは、赤系統のインデックスをくるっとひっくり返して青系統のインデックスの下に重ねてセットします（P014の写真参照）。

ロール付箋と白いペンでデコ

イラスト入りのロール付箋に、カテゴリーを書き入れて貼ることで、見やすくかわいくなります。

使ったアイテム
● いわしまあゆ ロールふせん petit「日々」（手紙社）
● ユニボール シグノ 太字 白 （三菱鉛筆）

濃い色のインデックスには白いペンを使うとはっきり見やすく書けます。

PART 03 APPENDIX

> ポケットの活用&穴を開ける①

ポケットリーフで シールをかわいく収納

シールが大好きでたくさん持っているけれど、いざというときに使いたい絵柄が見つからないってことがよくあるはず。バインダーとクリアポケットリーフを使って収納すると、見やすく取り出しやすいのでおすすめです。

大量のシールを使いやすく収納

● クリアポケットリーフ A5
（マルマン）

シールはリピート買いしやすいのでシートごと管理したいという人も多いはず。A5サイズのポケットリーフを使って収納すれば、シールの絵柄も見やすく、ジャンル分けして整理できます。

シールの中身が見えるので探しやすい♪

インデックスシールを使ってジャンル別に分類

使ったアイテム

● ファイルタブ　ホームアニマルズ
　フラワーウェーブ（カンミ堂）

1 カテゴリー名を書く
付属のラベルシールにカテゴリー名を書き入れる。

2 ラベルをファイルタブに貼る
カテゴリー名にマッチするファイルタブを選び、ラベルシールを貼り付ける。

3 ポケットリーフに貼る
ファイルタブをポケットリーフに貼る。

● ポケットの活用＆穴を開ける②

パンチを使って
いろいろ綴じてみよう

市販のパンチを使って穴を開ければ、かわいい封筒に穴を開けてポケットを作ったり、お気に入りの柄ペーパーを綴じることもできます。パンチがあれば、自分だけのリフィルを作る楽しみが増えるのでぜひ手に入れたいアイテムです。

パンチがあればいろいろ綴じられる

ルーズリーフ専用のパンチを使えば、好きな紙類に穴を開けてリフィルにすることができます。システム手帳用のパンチとは穴の数などが違うので、購入するときは注意しましょう。

封筒に穴を開ければ、さまざまなサイズのかわいいポケットが作れます。シールやメモなど収納するのに便利です。

かわいい柄の紙などのコレクションは、そのまま穴を開けて綴じて。ちょっとしたインデックス替わりにも使えます。

パンチを使ったオリジナル封筒リフィルの作り方

使った アイテム

● A5 20穴用 ゲージパンチ GP-J20（カール事務器）

1 封筒をゲージにセットする
ゲージの下に封筒の下を合わせてセットする。

2 パンチで穴を開ける
穴を開ける側の青いパーツを折り込んで、パンチの凸部分とゲージの凹部分を合わせて、穴を開けていく。

3 封筒のフタ部分を整える
開けた穴のちょうどいい部分でカットして、封筒のフタ部分を整える。

完成！

PART 03 APPENDIX

127

● ポケットの活用＆穴を開ける ③

紙もの文具をいろいろな ポケットリフィルに整頓

使った アイテム

- カードポケット ミニ（マルマン）
- ファスナー付きポケットリーフ（マルマン）
- ポケットが選べるシリーズ 専用リフィル各種（無印良品）

ポチ袋やカード、付箋やフレークシールなど、細々した紙もの文具は、バインダーに収納すると便利です。ポケットリフィルは、ポケットの数やサイズもさまざま。ジップ付きや、カードサイズ、トレカサイズなど、入れたいものに合うポケットリフィルを選んで、自由に紙もの収納を楽しみましょう。

▶ リフィルの保存方法

綴じきれないリフィルは 箱やファイルにすっきり収納

バインダーは、リフィルを自由に抜き差しできるのが利点ですが、1つのバインダーに綴じられる紙の量には限界があります。外したリフィルで、「後で見返す可能性が高いもの」は2穴のファイルや、ペーパーファスナーやルーズリングを使って表紙付きで収納するのがおすすめ。ざっくりと保管しておきたいものは、お道具箱やお菓子の空き箱などに収納しています。

使ったアイテム

● ファスナー（コクヨ）

● ルーズリング 14mm LR-14（カール事務器）

● マステ®水性ペンで書けるマスキングテープ フレークタイプ（マークス）

入れるだけなので収納ラクチン！

● そぼっくす パステル（TAKEMEKI）

PART 03 APPENDIX

◆ バインダーをプレゼントに

寄せ書き&写真を綴じて
大切な人に贈ろう

仲間のメッセージを集めて綴じたり、ポケットリフィルに思い出の写真を入れたりなど、バインダーのギフトは、結婚式や誕生日、卒業式や送別会など、さまざまなシーンにぴったり。心のこもった手作りの贈りものは、喜ばれること間違いなしです。

使ったアイテム

● 画用紙リーフ ミニ（マルマン）
● マステ®水性ペンで書けるマスキングテープ タイトル用フレークタイプ パステルカラー（マークス）
● マステ®水性ペンで書けるマスキングテープ mizutama タイトル用 フラワー（マークス）
● クリアポケット ミニ（マルマン）

ルーズリーフなら1枚1枚渡せるので寄せ書きの回収も便利！

カラフルなペンでデコして、手書きの心のこもったメッセージを届けましょう。

PART 03 APPENDIX

バインダーを手縫いで作っています

COLUMN 3
ステッチリーフでオリジナルバインダーを作ろう！

ルーズリーフ専門店　ステッチリーフ
東京都台東区浅草橋1-32-2-1F
定休日：水曜日と他数日（不定休あり）
03-6877-0853　https://www.stitch-leaf.net/

本書で多数登場しているステッチリーフのバインダー。好きなサイズ、形、色、パーツを選べば、オリジナルバインダーが完成します。ぜひみなさんも選びに来てくださいね♪

ステッチリーフは浅草橋にあるルーズリーフ専門店。オリジナルのアイテムを始め、ルーズリーフバインダー、各種リフィル、ルーズリーフと一緒に使いたいスタンプ、ペンなどの文具を扱っています。いちばんの目玉商品はカスタムオーダーできるオリジナルのバインダー。来店して店舗でセレクトするのも可能ですが、オンラインからオーダーもできます。

▲オリジナルバインダーの背表紙がズラリ。サンプルもたくさんあるので、好きな色合わせを考えながらじっくり選べます。
▲ステッチリーフのオリジナルリフィルや、自分で色の組み合わせを選べるインデックスなど、オリジナル商品も充実しています。

オリジナルバインダーができるまで

1 サイズ・形を選ぼう

A5サイズがいちばん人気！ほかにA4、B5サイズがあります。

〈A5サイズ〉

ベーシック

ウィンドウ

マグネット

ウィンドウマグネット

〈B5サイズ〉
ベーシック
マグネット

〈A4サイズ〉
ベーシック

2 色を選ぼう

表紙、裏表紙、背表紙、表裏のステッチなどの色を選びます。

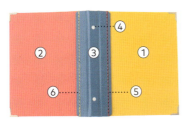

①表紙 ②裏表紙
③背表紙
A5 21〜24色
B5 12〜14色
A4 12〜14色

素材は、厚紙にビニール素材と、布素材を巻いたものがあります。

好きな色を自由に組み合わせることができます！

④リベット
白、シルバー、ゴールド
リングを留めるパーツ。3色から選べます。

⑤表ステッチ
⑥裏ステッチ
全26色。表裏同じ色にしても別々の色にしてもOK。

3 オプションを選ぼう

角金
シルバー、ゴールド 各2種
角の劣化を防ぐパーツです。

チャーム金具
シルバー、ゴールド
チャームを付けるための金具。

4 製作から完成まで

店内の工房で作っています！

オーダーが完了したら、あとは待つだけ。ステッチリーフのバインダーはすべて手作業で作っているので、4〜5週間で完成します。

COLUMN 4
まやこの歴代ルーズリーフ HISTORY

まやこが実際に使っているルーズリーフ手帳を紹介していきます。
毎年色を変えている歴代のバインダーや、2025年の手帳の中身など、
読者の皆様にちょこっとお見せします!

ルーズリーフ手帳なら書きたいことが1冊にまとまる

ルーズリーフを手帳として使うようになってから、今まで分けて書いていた予定、仕事、アイデアなどを1冊のバインダーでまとめられるようになりました。インデックス6項目の分け方は、年末に手帳会議をして決めています。書きたい内容は毎年ほとんど変わりませんが、順番を変えたり、あまり書かなかったものをなくしたり、罫線の種類を変えてみたりしています。

バインダー&インデックスを毎年変えて

ルーズリーフは中を自由に入れ替えられるので、本来は、毎年同じバインダーを使って、中身だけ変える、というのが一般的かもしれませんが、私は気分転換も兼ねて、毎年バインダーとインデックスの色選びをして変えています。そして、その年が終わったら記入したルーズリーフはバインダーに入れたまま、窓から年号を見せて保管しています。インデックスのデコも楽しみのひとつ。今年のインデックスは、スタンプを押して作りました。ちなみに今年は、予定・仕事・家計簿・アイデア・ログ・ダイアリーの6項目に分けています。

2020年

2021年

2022年

2023年

2024年

毎年色のコーディネートを考えるのが楽しみです!

2025年の ルーズリーフ手帳

2025年は爽やかな配色のバインダーに。今までは一般的な水性ペンを使って書いていましたが、今年からはずっと憧れのあった万年筆で書いてみることにしました。万年筆っていうだけで、書いていて気分が上がります♪

ダイアリーページ

ステッチリーフのルーズリーフダイアリー〈両面タイプ〉を使用。かわいく描いて、見返して楽しむためのページ。今年からは万年筆と水筆を使って1色で描いています。

表紙はミント色！

表紙はミント、背表紙はレモン、裏表紙はライトブルーのウィンドウマグネットタイプをセレクト。万年筆はセーラー万年筆のプロフィットスタンダードEFを使用しています。

手帳会議ページ

手帳会議のときに書いたものを目次のようなイメージで1ページ目に入れています。インデックスごとの項目と使用するルーズリーフ、書く内容を記載しています。

項目名のマーカー色もインデックスに合わせた色をチョイス！

スケジュールページ

ステッチリーフのルーズリーフダイアリー〈片面タイプ〉を使用。左側のマンスリーページには予定を書いて、右側のメモページはTO DOリストや欲しいものリストにしています。

> 月間のTO DOリストは書き出すだけで頭の整理にもなり、仕事量が見えてきて安心感にも繋がります。

> 学生時代からずっと今日の自分のコーデをイラストで描いています。

ログページ

ステッチリーフのルーズリーフ〈タイトルメモ〉を使用。その日の天気、体調、仕事内容、食べたものなど、毎日寝る直前の5分に、1日の振り返りをするのが日課です。

そのほかの
愛用ルーズリーフ

用途によっていろいろなルーズリーフバインダーを愛用しています。

バインダーボード®で お店のシフトを管理

お店では、表紙がないバインダーボード®でスタッフのシフトを管理しています。ルーズリーフカレンダーを綴じて、透明のクリアカバーをセット。いつでもすぐにシフトを見ることができて便利です。バインダーの中には、スタッフの出勤記録が書き込める表を挟み、インデックスでスタッフごとに分けて、タイムカードのような役割で使用しています。

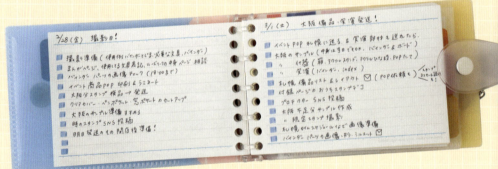

ミニバインダーで 毎日のTODOを管理

毎日の細かいTO DOリストは、ミニサイズのバインダーで管理。特にやることが多くないときは、書かない日もありますが、やることがたくさんある日は、紙に書き出すのが必須。1つずつ着実にこなしていきます。ミニサイズだと、パソコンをしながらでも、外出中でも見たり書いたりしやすいです。

Appendix

ルーズリーフ デコアイデア

本書に登場したルーズリーフの作例のなかで使用したデコアイデアを、ピックアップして紹介します。アレンジなどもたくさん紹介しているので、ぜひ試してみてくださいね。

マーカーで文字アレンジ

ぷっくり数字を書く

月や日付などを目立たせたいときにぴったり！
色の組み合わせを変えてもかわいいです。

→ 025 ページ

 →

縁取りは大きめに。
ちょっと余白がある
くらいがかわいい♪

1　マーカーで数字を書く。　　2　ペンで縁取りを入れる。

色の組み合わせをいろいろ変えてみよう！

グレーのペンでフチどる　　同系色のペンでフチどる　　模様を描いてアレンジ

ぷっくりアルファベットを書く

→ 025 ページ

アルファベットも数字と同様の手順でOK。等間隔で文字を書いていくのがコツです。

1　マーカーでアルファベットを書く。　　2　ペンで縁取りを入れる。

季節に合わせて色を変えてみよう

2〜3色を
組み合わせて♪

マーカーの上に文字を書く

マーカーでラフに塗った地に文字を書くアレンジです。

➡ 028 ページ

1　マーカーで地を作る。　2　文字を書く。　3　文字を太くする。

曜日やタイトルを書いてみよう

マーカーでいろいろな地を作って文字を書くだけで目立つ見出しに

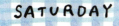 

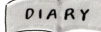 

APPENDIX

マーカーで季節に合わせた模様作り

ドット方眼に合わせて線を引く

マーカーで簡単なチェックを作ってみましょう。　→ 062 ページ

1 横に等間隔で3本線を引く。　2 違う色で縦に3本、等間隔で引く。

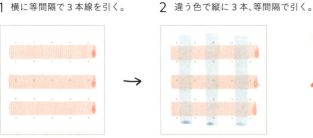

真ん中の線はドット方眼の上に、上下左右の線はドット方眼の間に引くのが簡単に等間隔で描くコツです。

マイルドライナーなら柔らかニュアンス＆多彩な色合わせの模様が作れます。

月別のかわいい色合わせ

月のイメージに合う2〜3色の組み合わせを紹介します。　→ 026 ページ

1月
- マイルドソーダブルー
- マイルドクールグレー
- マイルドスモークレッド

2月
- マイルドベージュ
- マイルドコーラルピンク
- マイルドレッド

3月
- マイルドシトラスグリーン
- マイルドゴールド
- マイルドレモンイエロー

4月
- マイルドベビーピンク
- マイルドダスティピンク
- マイルドスモークレッド

145

スタンプちょこっとテクニック

スタンプを一部だけ押す

紙を使うことで、スタンプを好きな長さに調節できます。

➡ 035 ページ

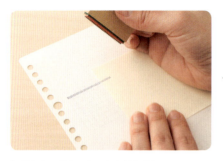

1 押したい長さになるよう紙を重ねてスタンプを押す。

2 紙を外すとちょうどいい長さに押せました！

柄をまっすぐ繋げてみよう

スタンプの柄を連続して押して柄を長く繋げることができます。

➡ 041 ページ

1 罫線に沿ってスタンプを押す。

2 スタンプを下からのぞきこみ、位置を合わせる。

3 柄が繋がって、まっすぐ押せました！

スタンプにイラストを描き足す

顔の表情のスタンプに体や服を描き足してみましょう。スタンプのインク色と近い色味のペンを選んでね。

➡ 087 ページ

1 顔のスタンプを押して体を描き足す。

2 色鉛筆で自由に色を塗る。

スタンプの柄を重ねる

➡ 080 ページ

同じ形のスタンプを数種類用意して、無地、模様入りで重ねて押します。地になるスタンプは薄い色、ボーダーやドットなど模様入りのスタンプは同系色の少し濃い色で押すのがコツ。

1 無地のスタンプを色を変えて3つ押す。

2 上から濃い色で模様のスタンプを押す。

スタンプの色を変えるときは？

スタンプの色変えをするときは、インクを落とす必要があります。

1 要らない紙にポンポンと押して大まかなインクを取る。

2 ねり消しにギューッと押し付けて、細かい部分の汚れを取る。（私はSEEDの、そうじねりけしを愛用しています）

いろいろアレンジしてみよう！

スタンプ×模様で作る季節のイラスト

イラストがちょっと苦手という人でも、スタンプがあれば大丈夫♪ 丸、三角、四角などベーシックな形で、さまざまな模様とサイズが揃っている OSCOLABO（オスコラボ）のスタンプを使えば、おうちや木、リースなど、かわいいイラストを作れます。

おうちの作り方

三角と四角、横長のスタンプを使っておうちを描いてみましょう。

→ 106 ページ

1 四角のスタンプを押す。

2 屋根は、紙を置いて三角のスタンプが台形になるように押す。

3 四角の下の辺に合わせて紙を置いて横長のスタンプを押せば、ドアにぴったりの長さに。

木の作り方

横長と、小さな三角のスタンプを使って木を描いてみましょう。　→ 106 ページ

1 横長のスタンプで幹を作る。
　紙を置いてちょうどいい長さに。

2 三角スタンプを縦に
　2 つ押して木の完成！

模様や色を変えたりも自由♪

148

四季ごとにアレンジしてみよう

➜ 106 ページ

季節にマッチした模様、インク色のアレンジを紹介。使用したバーサマジックデュードロップ（ツキネコ）の色番号を記載しています。木の幹はすべて 072 を使用しました。

春 / 夏

秋 / 冬

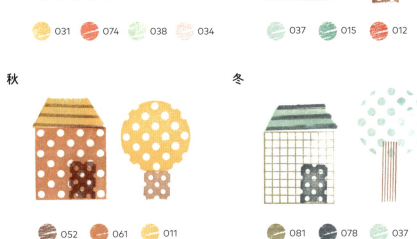

クリスマス

赤い飾りは OSCOLABO の「ワク丸 水玉」を部分的に押しています。

誕生日

リボンは「テープ細 ドット白」スタンプを使用。ちょうちょ結びは、三角のスタンプを左右に傾けて押す。

APPENDIX

149

マスキングテープを使ったアレンジ

マスキングテープはただ貼るだけじゃなく、シールみたいに使ったり、モチーフイラストを作ったりといろいろなアレンジが楽しめます。ぴったりのシールがないときに、ぜひ活用してみてください。

スタンプと組み合わせる

スタンプと、絵柄の入ったマスキングテープをシールみたいに組み合わせて使います。

➡ 090 ページ

〈使用するもの〉
・マスキングテープ……絵柄の入ったもの
・スタンプ……模様の物が使いやすい
・スタンプインク　・シール台紙　・はさみ

《今回使用したもの》　マステ® 水性ペンで書けるマスキングテープ mizutama タイトル用 フラワー（マークス）、カタチ×モヨウスタンプ 四角 方眼（オスコラボ）、バーサマジックデュードロップ（ツキネコ）

1　シール台紙にマステを貼る。

2　台紙ごと絵柄の形に添って切る。

3　スタンプを押す。

4　インクが乾いたら、②のマステを貼る。

スタンプインクは淡い色合いがおすすめ！

150

モチーフイラストを作る

簡単なカタチに切って、ペンでちょこっと描き足せば、かわいいモチーフイラストになります。

➡ 108 ページ

本格的なイラストを描くのは大変ですが、切ったマステに柄をちょい足しするだけならラクチン！「水性ペンで書けるマスキングテープ（マークス）」なら、簡単にモチーフイラストが作れます。

〈使用するもの〉
・マスキングテープ……無地や模様のもの
・ペン（通常のマスキングテープの場合は油性ペン、水性ペンで書けるマスキングテープの場合は水性ペン）
・はさみ

《今回使用したもの》 マステ® 水性ペンで書けるマスキングテープ スリム 2 巻〈ギンガムチェック ピンク・ドット ベージュ・ドット ミント〉（マークス）、トリプラス ファインライナー細書きペン〈レッド・グリーン・ブラウン〉（ステッドラー）

1 好きな形に切ったマステを貼る。

2 マステに柄を描き足す。

アレンジいろいろ

クリスマスや誕生日などイベントのデコにも最適！

テンプレートを使おう

テンプレートは、同じ形をいくつも描くときに便利です。テンプレートを使うときは、まずは縁取りをしてから塗りつぶすときれいに形が描けます。

〈使用するもの〉
・水性ペン……地にするものは薄い色が適していますが、キラキラ光る色もかわいいです。
・テンプレート

《今回使用したもの》 ジュースアップ 04〈ゴールド・シルバー・クラシックグロッシーブラウン〉（パイロット）、クリップルーラー〈シルバー・飾り罫柄〉（ミドリ）

丸数字を作る

キラキラ光るペンで丸い地を描いて、数字を描けばおしゃれな丸数字に。

→ 076 ページ

1 テンプレートをしっかり押さえて丸を描く。

2 濃い色のペンで数字を書く。

リボンタイトルを作る

リボンの形を地にしてタイトル風に描いてみましょう。

→ 076 ページ

1 リボンを縁取りしてから塗りつぶす。

2 濃い色のペンでタイトルを書く。

アレンジいろいろ

テンプレートを使えば、タイトルや見出しなどがバリエーション豊富に作れます。

会員特典データの素材集を使ってみよう

ダウンロードして使える会員特典データの素材集には、1年間のルーズリーフ手帳を作りたい！という人にぴったりの素材を用意しました。市販のラベルシールなどに印刷をして自由に切り貼りをして、ぜひ楽しくデコしてみてください。

ルーズリーフ手帳にぴったりの素材集

A4 サイズ・PDF

月、曜日、リボン、吹き出しなどの手書き文字、イラストのオリジナル素材集です。カラーとモノクロの 2 パターンが入っています。モノクロのほうはそのまま使ってもいいですし、マーカーなどで自由に色を塗っても OK です。

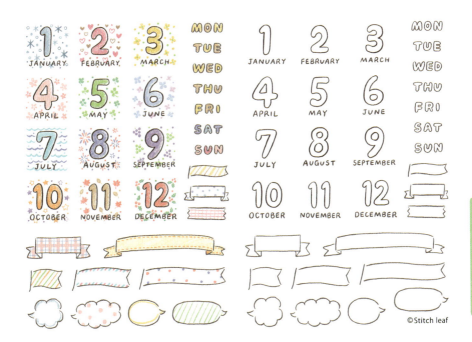

©Stitch leaf

◆会員特典データは、以下のサイトからダウンロードして入手いただけます。

https://www.shoeisha.co.jp/book/present/9784798186931

※会員特典データのダウンロードには、SHOEISHA iD（翔泳社が運営する無料の会員制度）への会員登録が必要です。詳しくは、Web サイトをご覧ください。
※会員特典データに関する権利は著者および株式会社翔泳社が所有しています。許可なく配布したり、Web サイトに転載することはできません。
※会員特典データは個人利用のみ行うことができます。商用利用は禁止です。
※会員特典データの提供は予告なく終了することがあります。あらかじめご了承ください。
※図書館利用者の方もダウンロード可能です。

モノクロのほうは、自由にアレンジできます。色を塗るだけでなく、マーカーで好きな柄を描いてもかわいい！

APPENDIX

profile

ルーズリーフ専門店 ステッチリーフ
まやこ

東京・浅草橋に実店舗をもつ『ルーズリーフ専門店 ステッチリーフ』を夫婦で経営。お店の黒板や展示している使用例などは全て「手書き」によるもの。オリジナル商品のデザインやイラストなども担当。お店では好きな表紙やパーツを選び、手縫いで仕上げてもらえるオリジナルバインダーが人気。ルーズリーフのさまざまなアレンジ方法などを紹介する Instagram が人気で、フォロワーは 7 万人を超える。全国各地の文具店や LOFT などで開催されるステッチリーフ POP UP SHOP も好評。

公式サイト　https://www.stitch-leaf.net/
Instagram　@stitch_leaf

〈掲載文具のお問い合わせ〉

マルマン株式会社　contact@e-maruman.co.jp
株式会社キングジム　https://www.kingjim.co.jp/
ライフ株式会社　https://life-st.jp/
コクヨ株式会社　0120-201-594（お客様相談室）　https://www.kokuyo.co.jp/support
無印良品／良品計画　0120-14-6404
クレイド／新日本カレンダー　https://www.nkcalendar.co.jp/
ゼブラ株式会社 0120-555335（お客様相談室）
スタビロ　https://stabilo.com/jp/
アンテリック　http://anterique.com/
鳥の葉工房　https://www.torinoha.jp/
OSCOLABO　https://oscolabo.stores.jp/
株式会社ツキネコ　https://www.tsukineko.co.jp/
株式会社マークス　https://www.online-marks.com/
株式会社カンミ堂　https://www.kanmido.co.jp/
ミドリ　https://www.midori-japan.co.jp/
手紙社　https://tegamisha.com
TAKEMEKI（有限会社 加藤紙器製作所）　042-520-8583　https://takemeki.base.shop/
カール事務器株式会社　https://www.carl.co.jp/information/
株式会社グリーティングライフ　https://greetinglife.co.jp/contact/
北星鉛筆株式会社　03-3693-0777　http://www.kitaboshi.co.jp

〈使用したルーズリーフ一覧〉

スケジュール＆メモ（ステッチリーフ）	023
片面スケジュール（ステッチリーフ）	025
プラン（ステッチリーフ）	025
両面スケジュール（ステッチリーフ）	026
画用紙のルーズリーフミニ スケジュール（ステッチリーフ）	026
画用紙のルーズリーフミニ 7つのメモ（ステッチリーフ）	026
片面スケジュールミニ（ステッチリーフ）	029
両面スケジュールミニ（ステッチリーフ）	029
32行罫線（ステッチリーフ）	031
書きやすいルーズリーフミニ 6mm横罫カラーアソート（マルマン）	031
スケジュール＆メモ（ステッチリーフ）	033
ブロック（ステッチリーフ）	034
ミックス方眼（ステッチリーフ）	035
チャート（ステッチリーフ）	037
タイトルメモ（ステッチリーフ）	039
リスト（ステッチリーフ）	040
画用紙リーフミニ（マルマン）	042
スクラップリーフミニ（マルマン）	042
ブロック（ステッチリーフ）	044
フリーリスト（ステッチリーフ）	047
ミックス方眼（ステッチリーフ）	049
書きやすいルーズリーフミニ無地（マルマン）	049
画用紙のルーズリーフミニ 黒板（ステッチリーフ）	051
ダイアリーミニ（ステッチリーフ）	053
片面スケジュール（ステッチリーフ）	055
ダイアリー（ステッチリーフ）	055
アルバムリフィル（ステッチリーフ）	056
画用紙のルーズリーフミニ7つのメモ（ステッチリーフ）	059
書きやすいルーズリーフミニ 5mm方眼（マルマン）	059
タイトルメモ（ステッチリーフ）	059
画用紙リーフミニ（マルマン）	060
ノーブルルーズリーフ 方眼（ライフ）	060
タイトルメモ（ステッチリーフ）	063
書きやすいルーズリーフミニ 3mm方眼（マルマン）	065
横向き罫線（ステッチリーフ）	065

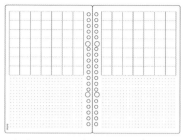

スケジュール＆メモ（ステッチリーフ）

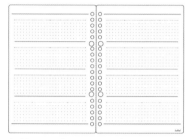

タイトルメモ（ステッチリーフ）

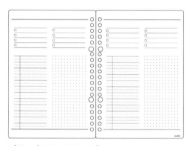

プラン（ステッチリーフ）

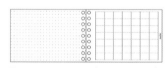

片面スケジュールミニ（ステッチリーフ）

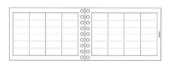

両面スケジュールミニ（ステッチリーフ）

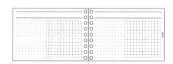

ダイアリーミニ（ステッチリーフ）

書きやすいルーズリーフエレガント横罫 6mm ホワイトリリー（マルマン）	067
書きやすいルーズリーフミニ くすみカラーアソート（マルマン）	067
ミックス方眼（ステッチリーフ）	068
片面スケジュール（ステッチリーフ）	069
書きやすいルーズリーフミニ 5mm方眼 カラーアソート（マルマン）	069
タイトルメモ（ステッチリーフ）	071
マージン罫線（ステッチリーフ）	073
書きやすいルーズリーフミニ 10mm 横罫（マルマン）	073
書きやすいルーズリーフミニ TO DO LIST（マルマン）	075
書きやすいルーズリーフミニ TIME PLANNING（マルマン）	075
マージン罫線（ステッチリーフ）	076
プラン（ステッチリーフ）	076
ダイアリーミニ（ステッチリーフ）	078
リストミニ（ステッチリーフ）	079
フリーリスト（ステッチリーフ）	080
タイトルメモ（ステッチリーフ）	081
書きやすいルーズリーフミニ 5mm方眼 カラーアソート（マルマン）	081
ステッチリーフのルーズリーフダイアリー 2024 （ステッチリーフ）	086 ～ 109
書きやすいルーズリーフミニ くすみカラーアソート（マルマン）	093

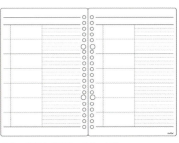

フリーリスト（ステッチリーフ）

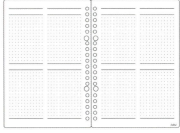

ブロック（ステッチリーフ）

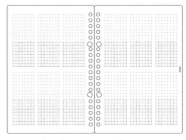

ミックス方眼（ステッチリーフ）

●COVER・ルーズリーフ

表紙のルーズリーフは、本書で紹介したアイデアを盛り込んだ、書き下ろしの作例です。

〈使った文房具〉
- 31日のスタンプ・女の子の暮らしスタンプ おはよう・おやすみ（ステッチリーフ）
- カタチ×モヨウスタンプ 四角 方眼・ワク 四角 破線（オスコラボ）
- バーサマジック（ツキネコ）
- マイルドライナー（ゼブラ）
- 油性ボールペン（アンテリック）
- 両面スケジュール（ステッチリーフ）
- 書きやすいルーズリーフミニ くすみカラーアソート（マルマン）

本書内容に関するお問い合わせについて

●お問い合わせされる前に

弊社 Web サイトの「正誤表」をご参照ください。
これまでに判明した正誤や追加情報を掲載しています。

○正誤表
https://www.shoeisha.co.jp/book/errata/

●お問い合わせ方法

弊社 Web サイトの「書籍に関するお問い合わせ」を
ご利用ください。

○書籍に関するお問い合わせ
https://www.shoeisha.co.jp/book/qa/

インターネットをご利用でない場合は、FAX または郵便にて、右記"(株)翔泳社 愛読者サービスセンター"までお問い合わせください。
電話でのお問い合わせは、お受けしておりません。

●郵便物送付先および FAX 番号

送付先住所　〒160-0006　東京都新宿区舟町 5
FAX 番号　　03-5362-3818
宛先　　　　（株）翔泳社 愛読者サービスセンター

※本書に記載された URL 等は予告なく変更される場合があります。
※本書の出版にあたっては正確な記述につとめていますが、著者および株式会社翔泳社のいずれも、本書の内容に対してなんらかの保証をするものではなく、内容やサンプルに基づくいかなる運用結果に関してもいっさいの責任を負いません。
※本書に記載されている会社名、製品名はそれぞれ各社の商標および登録商標です。

デザイン／エイプリルフール
撮影／宗野 歩
編集・文／山田 美穂、古賀 あかね（翔泳社）
イラスト／ステッチリーフ まやこ

使い方・アレンジ自由自在
暮らしを楽しむルーズリーフ活用 BOOK（ブック）

2025 年 4 月 24 日 初版第 1 刷発行
2025 年 6 月 20 日 初版第 2 刷発行

著者	ステッチリーフ まやこ
発行人	臼井 かおる
発行所	株式会社 翔泳社
	(https://www.shoeisha.co.jp)
印刷・製本	日経印刷 株式会社

©2025 stitch leaf mayako

○本書は著作権法上の保護を受けています。本書の一部または全部について（ソフトウェアおよびプログラムを含む）、株式会社翔泳社から文書による許諾を得ずに、いかなる方法においても無断で複写、複製することは禁じられています。
○本書へのお問い合わせについては、本ページに記載の内容をお読みください。
○造本には細心の注意を払っておりますが、万一、乱丁（ページの順序違い）や落丁（ページの抜け）がございましたら、お取り替えいたします。03-5362-3705 までご連絡ください。

ISBN978-4-7981-8693-1
Printed in Japan

暮らしを楽しむ本
書籍情報発信中！
kurashi_hon